W0372560

Gerhard Wanker · Bernhard Gritsch · Maria Schausberger

CLUB MUSIK 1

Arbeitsbuch für die 1. Klasse der
MS und AHS-Unterstufe

HELBLING

Rum/Innsbruck • Esslingen

Mit Bescheid vom 23.10.2008 (GZ: BMUKK-5.028/0001-V/9/2008) hat das Bundesministerium für Unterricht, Kunst und Kultur das Unterrichtsmittel „CLUB MUSIK 1" von Gerhard Wanker/Bernhard Gritsch/ Maria Schausberger antragsgemäß in der vorliegenden Fassung gemäß §14 Abs. 2 und 5 des Schulunterrichtsgesetzes, BGBl. Nr. 472/86 und gemäß den derzeit geltenden Lehrplänen als für den Unterrichtsgebrauch an Hauptschulen und an allgemeinbildenden höheren Schulen für die 1. Klasse im Unterrichtsgegenstand Musikerziehung geeignet erklärt.

Mit Bescheid vom 13. Juni 2019, GZ BMBWF-5.028/0002-Präs/14/2019 teilt das Bundesministerium für Bildung, Wissenschaft und Forschung mit „dass gegen die aktualisierte Fassung des Werkes Club Musik 1, BNR 2058, kein Einwand besteht".

Dieses Unterrichtswerk umfasst:

Arbeitsbuch
SBNR 2058
ISBN 978-3-85061-496-2

Begleitbuch für Lehrende
S6174
ISBN 978-3-85061-471-9

Tonbeispiele/Playbacks auf 2 CDs
S6175CD
ISBN 978-3-85061-472-6

Multimedia-DVD
S6176DVD
ISBN 978-3-85061-473-3

Schulbuchnummer 2058

ISBN 978-3-85061-496-2

Inhalt

Zeichenerklärung

Arbeitsaufgabe

Tonbeispiel

Multimedia-DVD
Musikquiz, Lernspiele, multimediale Spiel-mit-Sätze und Hörpartituren

Vokales Warm-up
auf das jeweilige Lied abgestimmte vokale Aufwärmübungen zu den Bereichen Lockerung, Atmung, Sprechen und Singen

Videobeispiel

Symbole für körpereigene Instrumente

- ▪ = mit den Fingern schnippen
- | = in die Hände klatschen
- ↓ = mit den Händen auf die Oberschenkel klopfen (patschen)
- ↓ = mit einer Hand auf den Handrücken der anderen Hand tippen
- ↖ = mit der rechten Hand auf die linke Schulter tippen
- ↗ = mit der linken Hand auf die rechte Schulter tippen
- ↓↑ = dirigieren
- L = mit dem rechten Fuß sanft stampfen
- ⌋ = mit dem linken Fuß sanft stampfen
- = mit dem Kopf nicken
- = aufstehen
- h = niedersetzen
- Y = beide Arme in die Höhe strecken

Spiel-mit-Satz: Buchstabennotation

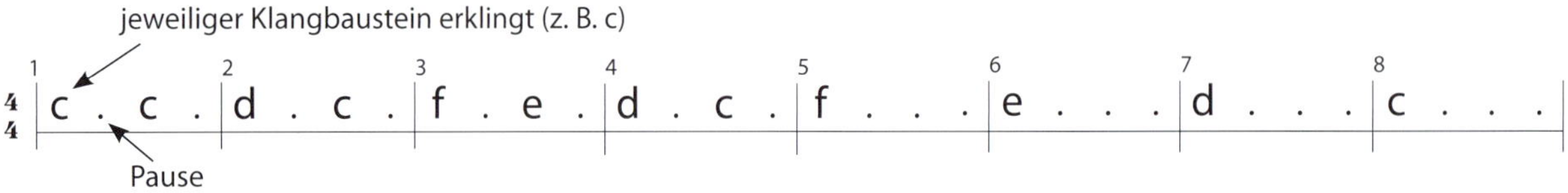

Spiel-mit-Sätze in Buchstabennotation können mit einzelnen Klangbausteinen ausgeführt werden. Es kann aber auch ein komplettes Stabspiel für die Ausführung (waagrecht zu lesen) verwendet werden. Die Basstöne können z. B. von einem Bassstabspiel oder Keyboard/Klavier gespielt werden.

Spiel-mit-Satz: Boomwhackers

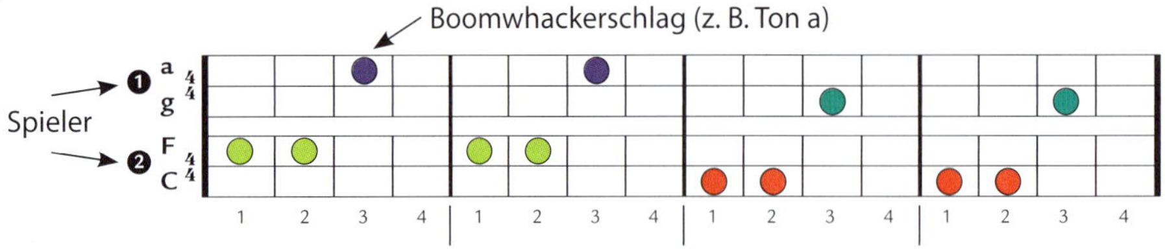

Boomwhackers werden auf die Oberschenkel oder in die Hand (bei 1 Röhre pro Spielerin/Spieler) geschlagen. Die Farben der Punkte entsprechen jenen der Boomwhackers. Mit aufgesteckter Basskappe (= Oktavator) klingt das Rohr eine Oktav tiefer.

Quiz-Box

Nach einem oder mehreren Kapiteln ist das Wesentliche des jeweiligen Lerninhalts in Form von Fragen in der Quiz-Box zusammengefasst. Alle diese und weitere Fragen können im Computer-Lernspiel Musikquiz (Multimedia-DVD) beantwortet werden.

Wir lernen uns kennen 1

HALLO, WER BIST DU?

Playback zu *Hallo, wer bist du?*

A1

Text und Musik: Gerhard Wanker
© Helbling

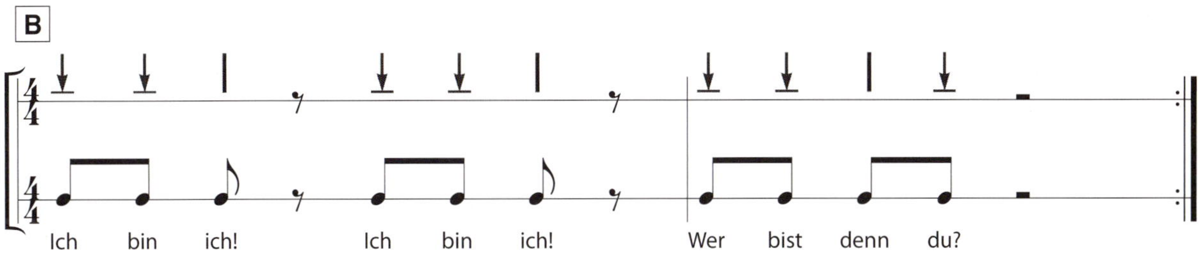

↓ = mit den Händen auf die Oberschenkel patschen | = in die Hände klatschen

Vorübung

Wir gehen zur Musik (Tonbeispiel A1) durch den Raum.

Teil A: Wir hören auf die Melodie und versuchen mitzusingen.

Teil B: Wir sprechen den Rhythmus und führen ihn mit körpereigenen Instrumenten aus.

Durchführung

Teil A: Alle singen.

Teil B: Während zwei Schülerinnen/Schüler gleichzeitig ihre Namen an die Tafel schreiben, wird von allen anderen Teil B ausgeführt.

Die Teile A und B werden wiederholt, bis alle Namen an der Tafel stehen.

2 Unsere Stimme

Atmung

Beim Singen sollen wir in den Brust- und Bauchraum atmen.

- Du kannst die Bauchatmung bei folgender Übung gut beobachten:

  Beug im Stehen deinen Oberkörper weit nach vor und leg deine Hände in die Seiten! Wenn du nun langsam durch die Nase einatmest, wirst du spüren, dass sich der Bauchraum durch die einströmende Luft vergrößert.

- Versuch, auch bei aufrechter Haltung in den Bauch zu atmen und lass dabei deine Schultern locker hängen!

Der wichtigste Muskel für die Atmung ist das Zwerchfell. Es liegt quer im Körper und trennt Brust- und Bauchraum. Es senkt sich beim Einatmen (der Bauch geht nach außen) und hebt sich beim Ausatmen (der Bauch geht nach innen).

- Überprüf es, indem du versuchst zu gähnen! Beim Gähnen holst du tiefer Luft als beim normalen Atmen. Das Zwerchfell senkt sich dabei, und der Bauchraum wird größer.

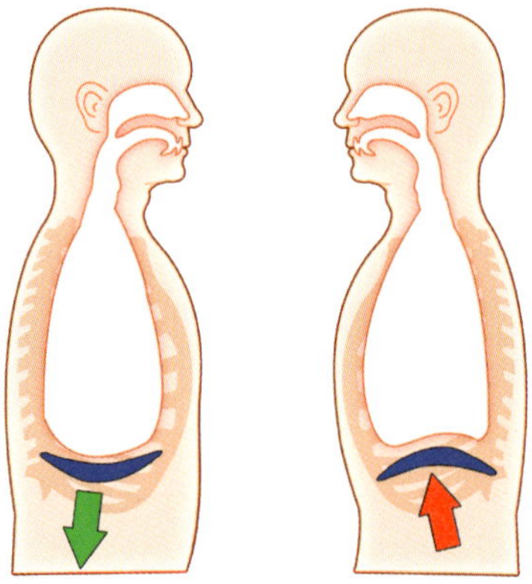

Zwerchfell bei Einatmung   Zwerchfell bei Ausatmung

Tonerzeuger

Tonerzeuger sind die Stimmlippen. Sie befinden sich im Kehlkopf. Im Ruhezustand sind die Stimmlippen geöffnet. Beim Sprechen oder Singen verengen sie sich und beginnen zu schwingen. Dies ergibt einen Ton.

- Du kannst die Schwingungen beim Sprechen/Singen spüren, wenn du mit der Hand den Kehlkopf leicht berührst.

Schnitt durch den Kehlkopf

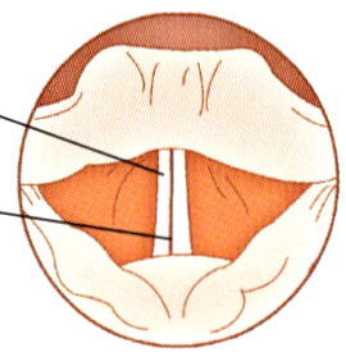

Stimmlippen geschlossen (Sprechen/Singen)

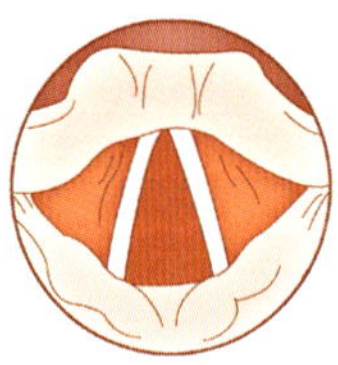

Stimmlippen geöffnet (Atmung)

Resonanzkörper

Ein Ton entsteht, wenn ein Körper (z. B. Stimmgabel, Saite) in Schwingung versetzt wird. Wenn diese Schwingungen an andere Körper (Resonanzkörper, resonare = klingen) weitergegeben werden, klingt der Ton lauter und voller.

- Berühr leicht den Resonanzkörper eines Klaviers oder einer Gitarre, während das Instrument gespielt wird, und spür die Schwingungen!

Versuch

Wenn du eine Stimmgabel in der Luft zum Schwingen bringst, hörst du einen leisen Ton.

Setzt du die Stimmgabel jedoch auf einem Tisch auf, ist der Ton lauter. Der Tisch wirkt als Resonanzkörper.

Auch dein Körper schwingt beim Sprechen oder Singen mit und wirkt somit als Resonanzkörper.

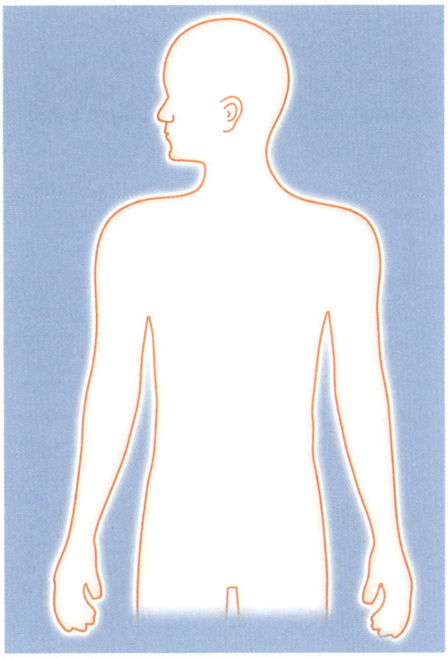

Überprüf es:

- Sprich einige Male das Wort „Murmeltier"! Finde dabei durch Abtasten von Kopf, Hals und Oberkörper jene Körperstellen heraus, die mitschwingen!
- Schraffiere in der nebenstehenden Abbildung mit einem Bleistift jene Stellen, wo du spürst, dass ein Körperteil mitschwingt!

OLD MAC DONALD

Playback zu *Old Mac Donald*

A2

Traditional

2. ... And on his farm he had some ducks ...
With a quak, quak here ...

3. ... And on his farm he had some pigs ...
With an oink, oink here ...

4. ... And on his farm he had some cows ...
With a moo, moo here ...

5. ... And on his farm he had some dogs ...
With a wow, wow here ...

Lockerung:

- *Wir stellen uns vor, wir sind Tiere auf einem Bauernhof: Es hat geregnet. Wir schütteln das Wasser nacheinander von den Beinen, von den Hüften, vom Rücken, von den Schultern, von den Armen, vom Kopf und vom ganzen Körper ab.*
- *Jetzt stellen wir uns fest auf unsere Beine, halten Kopf und Rücken gerade, heben das Brustbein und lassen die Arme locker hängen.*

Atmung:

- *Wir atmen kräftig aus und saugen dann die frische, saubere Luft nach dem Regen durch die Nase ein. Beim Einatmen halten wir ein Nasenloch zu, atmen durch den Mund aus und wieder durch die Nase ein, wobei wir das andere Nasenloch zuhalten. Die Luft strömt so in den Brust- und Bauchraum, unsere Bauchdecke hebt und senkt sich dabei.*

Sprechen:

- *Nun freuen sich alle Tiere auf gutes Futter: Das Wasser rinnt uns im Mund zusammen. Unsere Zungen feuchten die Lippen mit kreisenden Bewegungen an.*
- *Wir lassen uns die feinen Gräser schmecken, kauen kräftig und schmatzen laut.*
- *Nach der Mahlzeit geben wir satte, zufriedene Laute von uns: mmh, aah, yeah, moo etc.*
- *Jedes einzelne Tier macht auf sich aufmerksam: Alle machen das Kücken: chick – chick – chick, die Ente: quak – quak – quak, das Schwein: oink – oink – oink, die Kuh: moo – moo – moo, den Hund: wow – wow – wow.*

Singen:

- *Der Esel singt den folgenden Liedteil auf Englisch. Wir singen: laut, leise, traurig, lustig usw.*

Spiel-mit-Satz zu *Old Mac Donald*

■ = schnippen | = klatschen ↓ = patschen

Multimedialer Spiel-mit-Satz

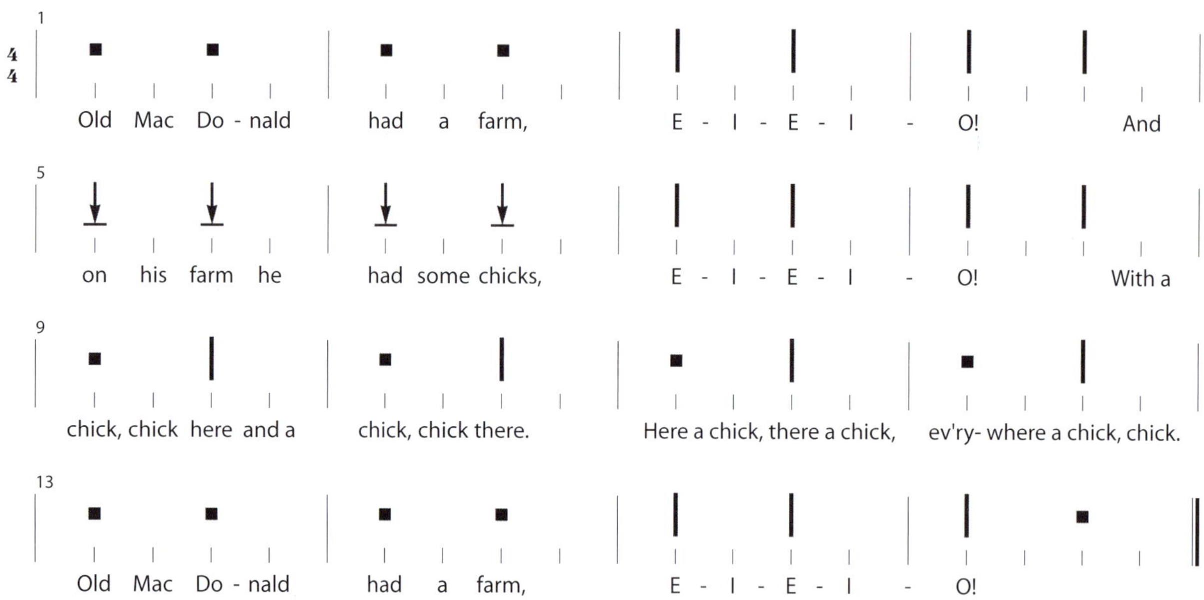

Quiz-Box 2

- Beim Singen atmet man in den Brust- und ...
- Der wichtigste Muskel für die Atmung ist das ...
- Wohin bewegt sich das Zwerchfell beim Ausatmen?
- Welcher Körperteil erzeugt beim Sprechen und Singen den Ton?
- Die Stimmlippen befinden sich ...
- Was heißt „resonare"?

◆ Mehr Fragen im MUSIKQUIZ

Notenwerte und Pausen

NOTENWERTE 1 2 3 4		PAUSEN
𝅝	Ganze	𝄻
𝅗𝅥 𝅗𝅥	Halbe → Hut	𝄼
♩ ♩ ♩ ♩	Viertel	𝄽
♫ ♫ ♪ ♪ ♪ ♪	Achtel	𝄾
♬♬ ♬♬ 𝅘𝅥𝅯𝅘𝅥𝅯𝅘𝅥𝅯𝅘𝅥𝅯𝅘𝅥𝅯𝅘𝅥𝅯𝅘𝅥𝅯𝅘𝅥𝅯	Sechzehntel	𝄿

- Klatscht die Notenwerte 𝅝, 𝅗𝅥, ♩, ♪ und macht euch den Unterschied bewusst!

- Bildet vier Gruppen! Jede Gruppe klatscht einen Notenwert (𝅝, 𝅗𝅥, ♩, ♪).
  Musiziert hintereinander oder gleichzeitig und verwendet für diese Übung auch passende Instrumente.

Moved notes: Notenwerte-Bewegungsspiel

Playback zu *Moved notes* A3

Vorübung

Wir spielen zum Tonbeispiel A3 mit körpereigenen Instrumenten:

𝅗𝅥 = ↓ leicht auf die Oberschenkel patschen

♩ = | klatschen

♪ = ↓ mit einer Hand auf den Handrücken der anderen tippen

Durchführung

Bildet drei Gruppen! Die Gruppen stellen sich an verschiedenen Orten im Raum hintereinander in einer Reihe auf. Die/Der Erste jeder Gruppe bekommt ein Instrument:

Gruppe	Notenwert	Instrument
A	Halbe	Becken
B	Viertel	Handtrommel
C	Achtel	Claves

Jede Gruppe hört auf die Melodie von *Moved notes* und geht jeweils im richtigen Rhythmus dazu (z. B. Gruppe A geht, wenn sich die Melodie in Halben bewegt und bleibt stehen, wenn sich der Notenwert in der Melodie ändert). Die/Der Erste jeder Gruppe spielt ihr/sein Instrument zum Geh-Rhythmus und führt die Gruppenmitglieder durch den Raum.

Notenwerte-Domino

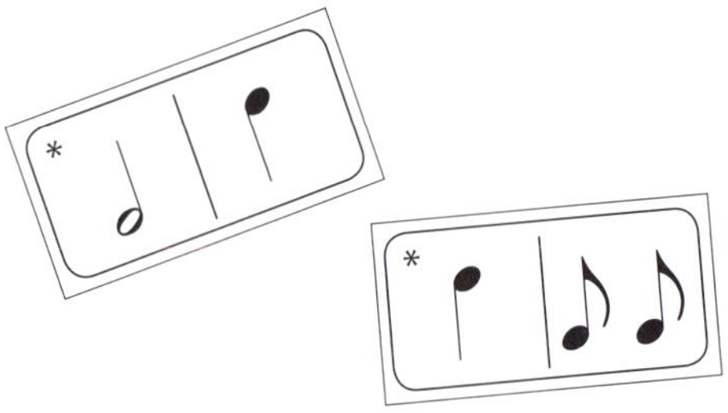

Schneide aus dem Anhang das Notenwerte-Domino aus (15 Dominokarten)!

2 Spielmöglichkeiten

- Leg die Dominokarten folgerichtig aneinander, sodass die letzte Karte an die erste anschließt (Einzel- oder Partnerarbeit)!
- Drei Spielerinnen/Spieler: Zwei bekommen je sieben Dominokärtchen. Die/Der dritte beginnt, mit der übrig gebliebenen Dominokarte die Dominostraße zu legen. Sie/Er holt sich von den beiden anderen Mitspielerinnen/Mitspielern die jeweilige Anschlusskarte, indem sie/er z. B. sagt: „Ich brauche bitte von dir eine Viertelnote mit dem Notenhals nach unten." So entsteht eine Dominostraße.

Schreib die Notenwerte/Pausen deiner gelegten Dominostraße auf! Schreib jedes Zeichen nur einmal! Die Nummerierung von 1 bis 15 dient der besseren Übersicht.

1	2	3	4	5	6	7	8	9	10	11	12	13	11	15

Lernspiel Notenwerte- und Pausen-Memory

Quiz-Box 3

- Wie heißt der senkrechte Strich einer Note?
- Wie nennt man die Linie, die zwei Notenhälse miteinander verbindet?
- Wie viele Fähnchen hat eine Sechzehntelnote?
- Wie viele Achtelnoten enthält eine Halbe Note?
- Wie viele Achtelnoten enthält eine Viertelnote?
- Wie viele Sechzehntelnoten passen in eine Achtelnote?

◆ Mehr Fragen im MUSIKQUIZ

Wir machen Musik 4

Wir lernen Instrumente kennen

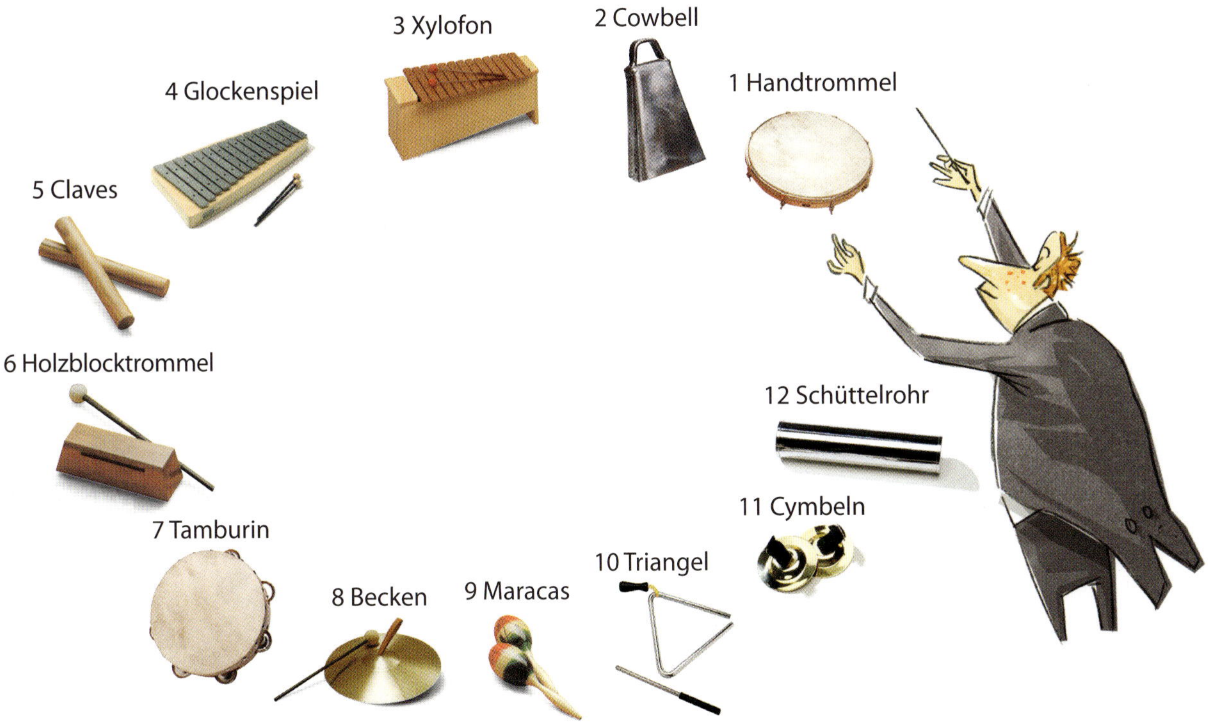

Wir spielen auf den oben abgebildeten Instrumenten

- Auf Zeichen der Lehrerin/des Lehrers spielen alle gleichzeitig: laut, leise, lauter werdend, leiser werdend, schnell, langsam ...
- Ein Rhythmus wandert durch alle Instrumente:
  - a) Ein Instrument beginnt mit einem gleich bleibenden Rhythmus, die anderen Instrumente kommen nach und nach dazu.
  - b) Es spielt jeweils nur ein Instrument einen bestimmten Rhythmus. Eine Dirigentin/Ein Dirigent (musikalische Leiterin/musikalischer Leiter) zeigt an, welches Instrument spielen soll.
- Jedes Instrument hat eine Nummer. Spielt nach einer vorher festgelegten Zahlenkombination!

Instrumenten-Erkennungsspiel

Playback zu *Instrumenten-Erkennungsspiel*

A4

Im Tonbeispiel A4 hört ihr die oben abgebildeten Instrumente. Sie erklingen nacheinander und sind durch Pausen voneinander getrennt.

In den Pausen soll immer jenes Instrument gespielt werden, das vorher im Tonbeispiel A4 zu hören ist!

HEY, HEY

A5

Playback zu *Hey, hey*

Musik: Gerhard Wanker
Text: Maria Schausberger, Gerhard Wanker, Gerd Linke

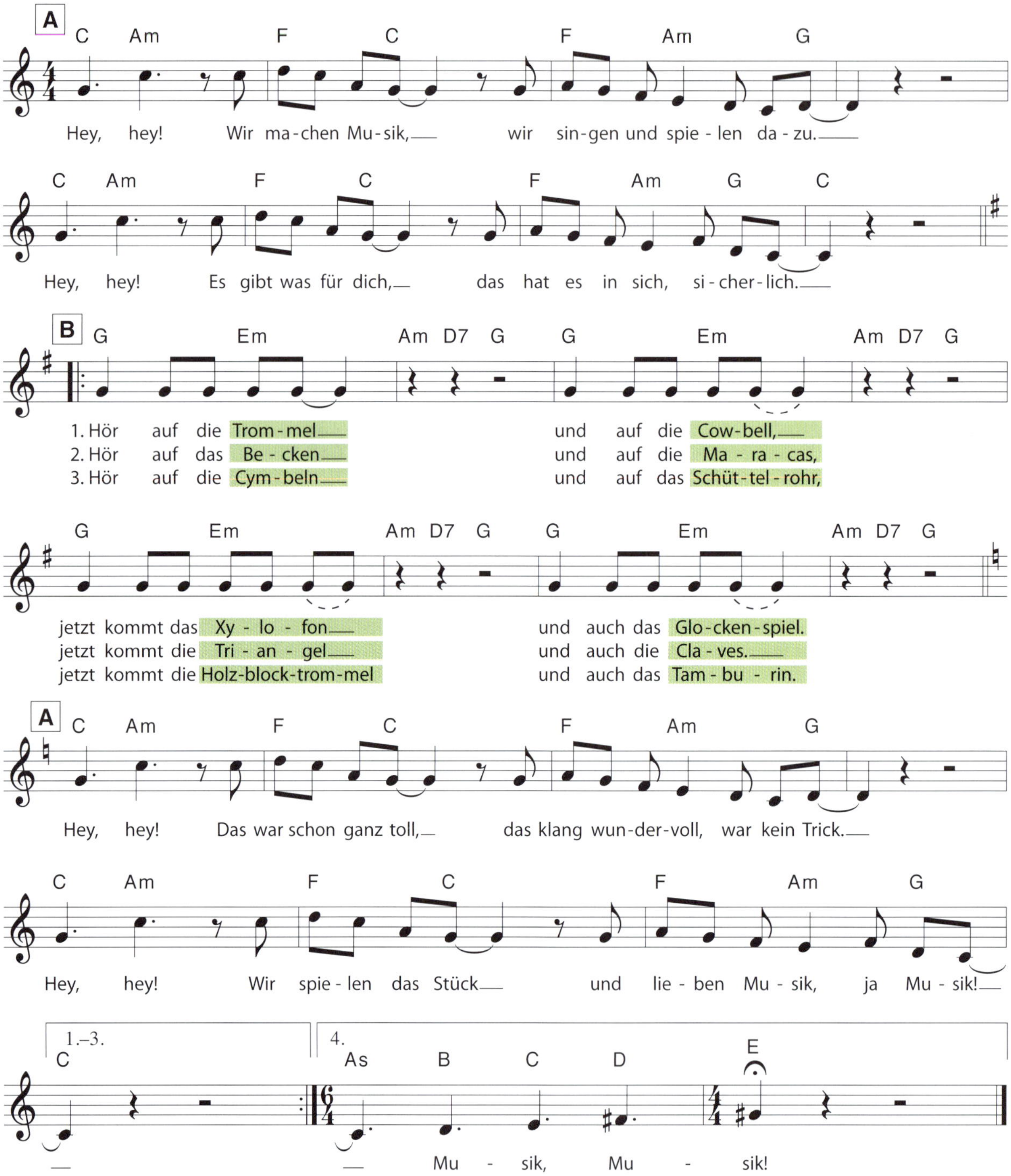

- *Wir ahmen mit unserer Stimme den Klang der angegebenen Rhythmusinstrumente nach und spielen sie pantomimisch dazu. Dabei führen wir den Rhythmus auf einem Atem aus und atmen in der Pause ein.*

- *Wir singen die einzelnen Takte des Teils B und achten dabei auf eine deutliche Artikulation. Eine gleich bleibende Tonhöhe erreichen wir, indem wir während des Singens mit beiden Händen ein fiktives Gummiband auseinanderziehen und somit den Körper in Spannung halten.*

Dreharbeiten in einem Fernsehstudio

Das Lied *Hey, hey* wird für eine „Fernsehsendung" aufgezeichnet.

Die Regisseurin/Der Regisseur (künstlerische Leiterin/künstlerischer Leiter) gibt zu den Teilen A und B folgende Anweisungen:

Zum Teil A
„Alle singen die Melodie und winken dabei in die Kamera."

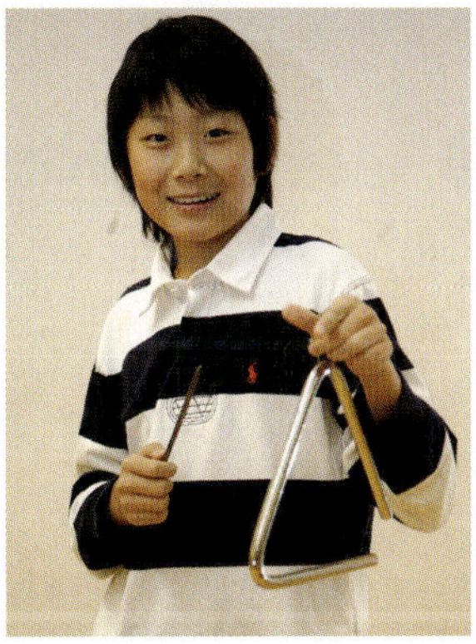

Zum Teil B
„Jeder, der im Text genannt wird, kommt bei seiner Textstelle groß ins Bild.

Jeder soll sein Rhythmusinstrument für die Zuschauer bestens ins Bild bringen.

Alles klar? Dann – Kamera ab!"

▶ Befolgt die Regieanweisungen und spielt die Fernsehaufnahme einmal durch!

Quiz-Box 4

- Aus welchem Material bestehen die Klangstäbe eines Xylofons?
- Welcher Körperteil bezeichnet auch ein Musikinstrument?
- Wie nennt man die musikalische Leiterin/den musikalischen Leiter eines Orchesters?
- Wie nennt man die künstlerische Leiterin/den künstlerischen Leiter einer Fernseh-, Film- oder Theaterproduktion?

◆ Mehr Fragen im MUSIKQUIZ

5 Wir hören zu

Wenn du Spitzenleistungen vollbringen willst (z. B. bei einer Schularbeit, im Sport oder am Instrument), musst du dich oft lange vorbereiten und auf eine Aufgabe richtig einstellen. Das bedeutet, dass du alles unternimmst, um dich auf eine Sache – so gut es geht – zu konzentrieren.

Beim bewussten Musikhören ist es auch notwendig, sich richtig einzustellen. Dadurch ist es möglich, verschiedene Musikarten bewusster erleben und intensiver genießen zu können.

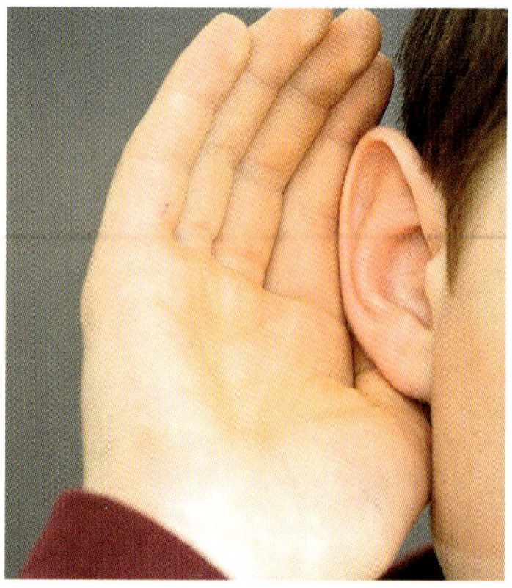

- Setz dich bequem in deinen Sessel und versuch, nur so viel Kraft für deine Muskeln aufzuwenden, wie du für das Sitzen brauchst! Leg deine Hände auf die Oberschenkel, schließ die Augen, wandere mit deinen Gedanken durch den Körper und kontrolliere nochmals, ob du locker und angenehm sitzt! Beginn bei deinen Schultern, wandere in deine Arme und Hände und weiter in die Beine bis zu den Füßen! Nimm dir für diese Kontrollwanderung Zeit!
- Versuch, mit geschlossenen Augen in einem Zeitraum von einer Minute alles, was du hörst, bewusst wahrzunehmen! Öffne nach diesem Hörvorgang deine Augen und warte noch ca. fünf Sekunden! Schreib auf, was du gehört hast, und berichte darüber!

Auf der Suche nach Klängen und Geräuschen

Spiel „Hör-Detektiv" und ordne die Klänge und Geräusche den Tonbeispielen richtig zu! Schreib die Zahlen 1–18 in der gehörten Reihenfolge in die Kästchen!

A6–23 Klänge und Geräusche

	Gitarre		zerbrechendes Glas		Violine
	Frauenstimme		Orchester		Vögel
	Streichholz anzünden		Korken ziehen		Trommel
	Blockflöte		Eisenbahn		Hubschrauber
	Lachen		Zähne putzen		Motorrad
	Rockband		Limonade einschenken		Orgel

Bildet Dreiergruppen, wählt ein Geräusch aus den obigen Tonbeispielen aus und findet eine Möglichkeit, es mit der Stimme oder Instrumenten nachzuahmen! Tragt eure gefundene Lösung vor, die anderen sollen erkennen, um welches Geräusch es sich handelt.

Hör-Orientierungslauf

Beim Hör-Orientierungslauf lassen wir uns von Tönen führen.

Vorübung

Jemand gibt mit der Stimme oder einem Instrument hohe und tiefe Töne vor:

- Beim hohen Ton zeigen alle mit der rechten Hand nach rechts.
- Beim tiefen Ton zeigen alle mit der linken Hand nach links.

Orientierungslauf für alle

Ausgangsstellung
Wir stehen alle frei verteilt im Raum und blicken in die gleiche Richtung.

Jemand gibt die Töne vor (hoch, tief).

Stabspiel:

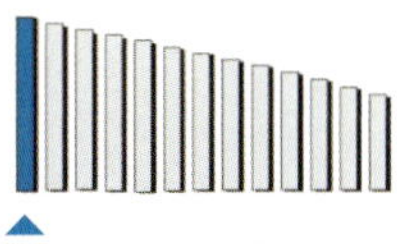

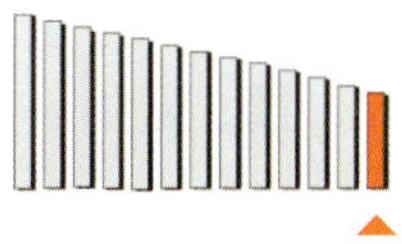

tiefer Ton	kein Ton	hoher Ton
Solange du einen tiefen Ton hörst, dreh dich mit kleinen Schritten am Platz nach links!	Hörst du keinen Ton, geh mit kleinen Schritten geradeaus!	Solange du einen hohen Ton hörst, dreh dich mit kleinen Schritten am Platz nach rechts!

Jemanden musikalisch durch den Raum führen

Im Raum werden „Hindernisse" (Sessel, Tische, Personen, Schultaschen usw.) aufgebaut. Einer Schülerin/Einem Schüler werden die Augen verbunden. Eine andere Schülerin/Ein anderer Schüler führt sie/ihn musikalisch mit einem Instrument oder mit der Stimme durch den Raum. Nach den obigen musikalischen Anweisungen ist sie/er so zu führen, dass sie/er bei keinem Hindernis anstößt.
(Wenn die Stimme als musikalischer Führer eingesetzt wird, können auch mehrere/alle singend jemanden führen.)

6 Wir spielen auf körpereigenen Instrumenten

Wir benützen unseren Körper als Instrument und verwenden folgende Symbole (Zeichen):

 = mit den Fingern schnippen

 = in die Hände klatschen

 = mit einer Hand auf den Handrücken der anderen Hand tippen

 = mit den Händen auf die Oberschenkel klopfen (patschen)

 = mit der rechten Hand auf die linke Schulter tippen

 = mit der linken Hand auf die rechte Schulter tippen

 = niedersetzen

 = aufstehen

 = beide Arme in die Höhe strecken

 = mit dem rechten Fuß sanft stampfen

 = mit dem linken Fuß sanft stampfen

 = leeres Feld = keine Aktion

Echo-Spiel mit körpereigenen Instrumenten

4 Schläge Vorgabe – 4 Schläge Echo

Lehrerin/Lehrer oder Schülerin/Schüler gibt vor – Schülerinnen/Schüler machen nach (Echo)

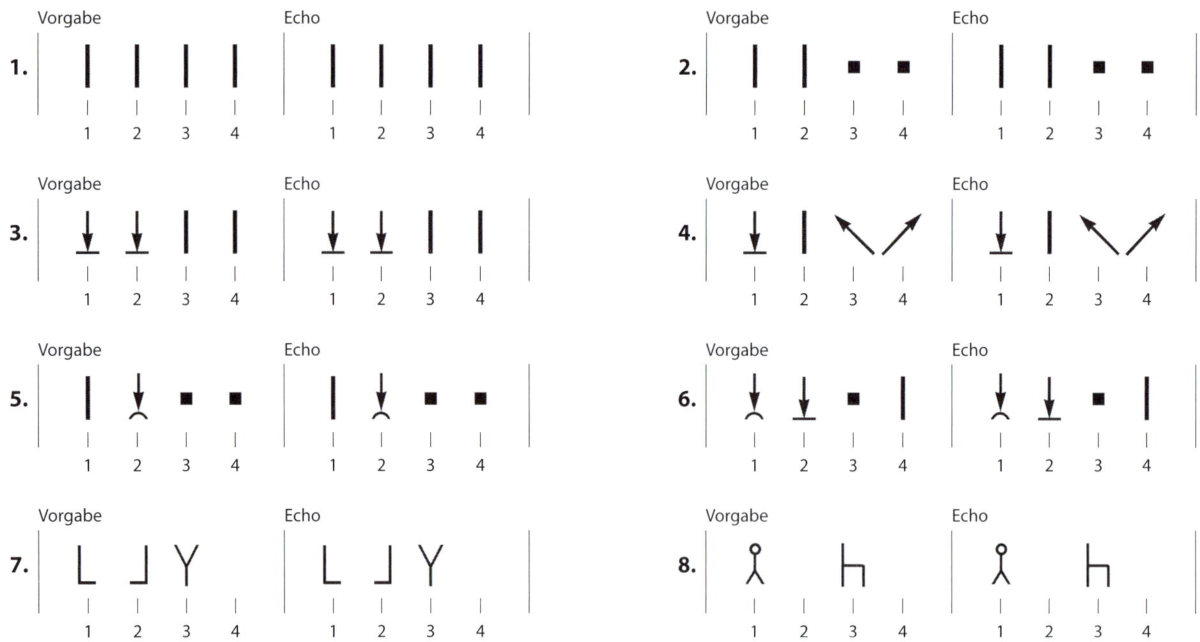

Füll Feld 1 und Feld 2 mit den oben angegebenen Symbolen aus! Jeder führt seine Lösung vor, die anderen machen sie nach!

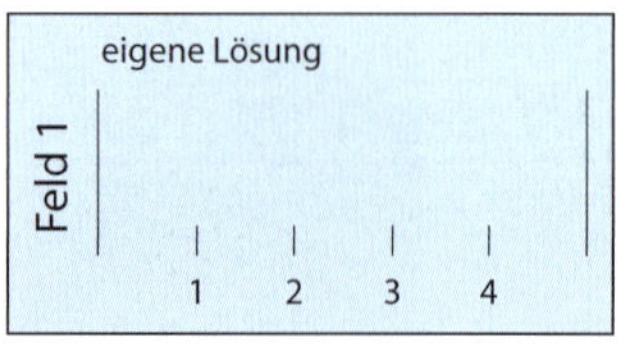

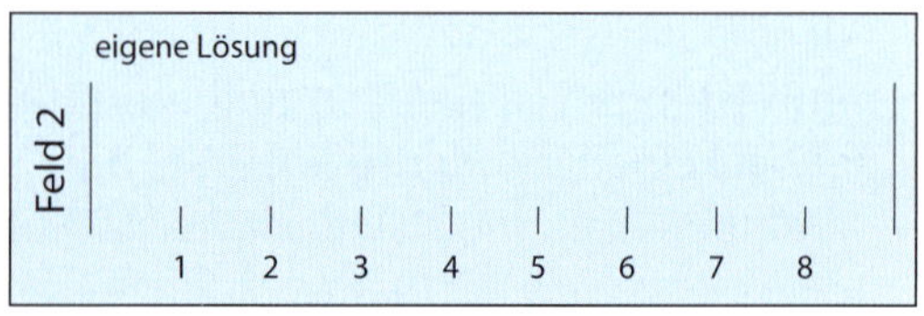

Wir sitzen oder stehen im Kreis: Einer nach dem anderen gibt aus dem Stegreif ein Beispiel in der Länge von vier oder acht Schlägen vor, die anderen machen das Echo.

Spiel-mit-Satz zu *Piccadilly-Marsch*

Multimedialer Spiel-mit-Satz

E. Satie, *Piccadilly-Marsch*

A24

Einrichtung: Gerhard Wanker

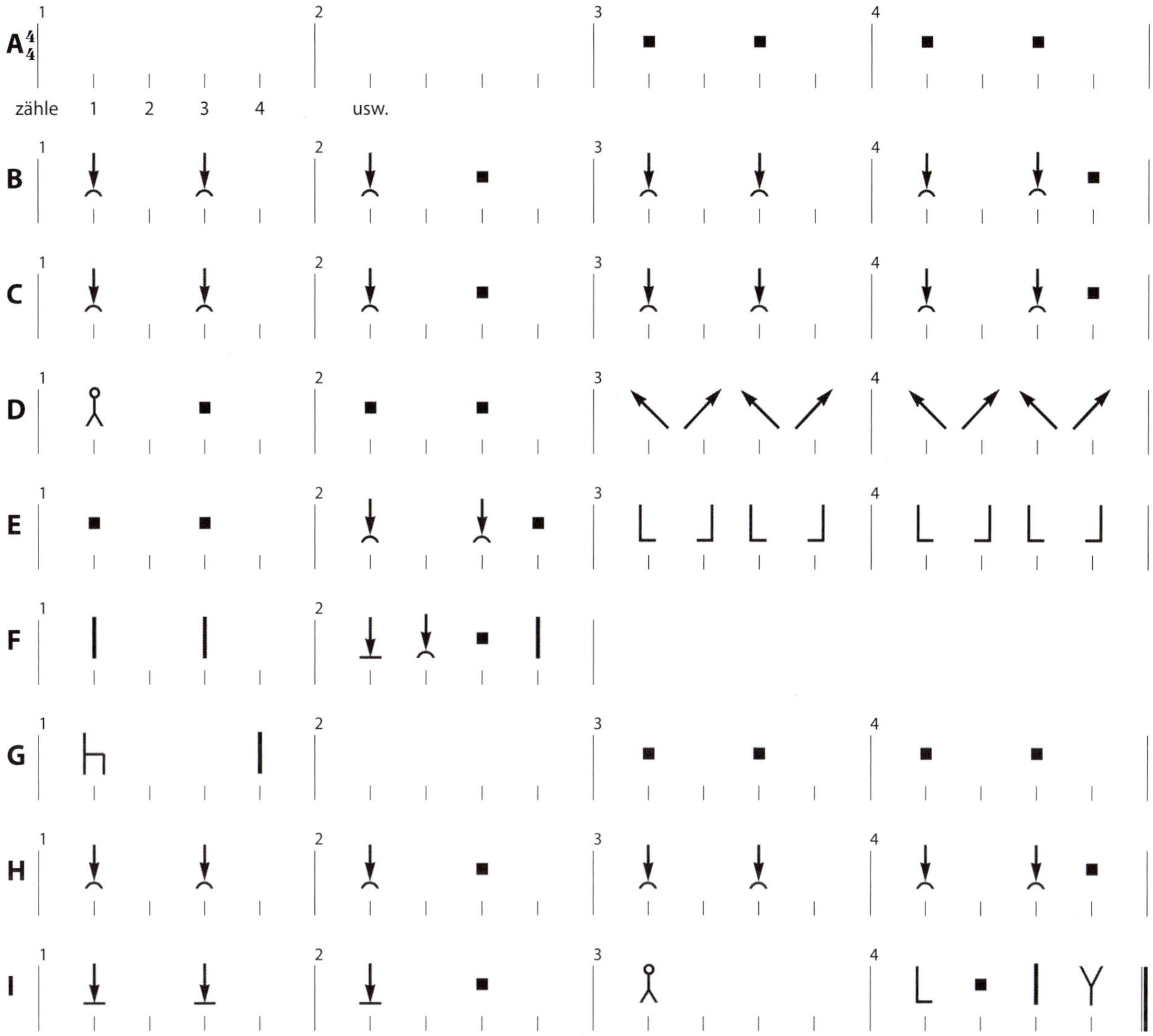

▶ Gestalte die Zeilen G bis I selbstständig! Du kannst auch neue Aktionen erfinden!

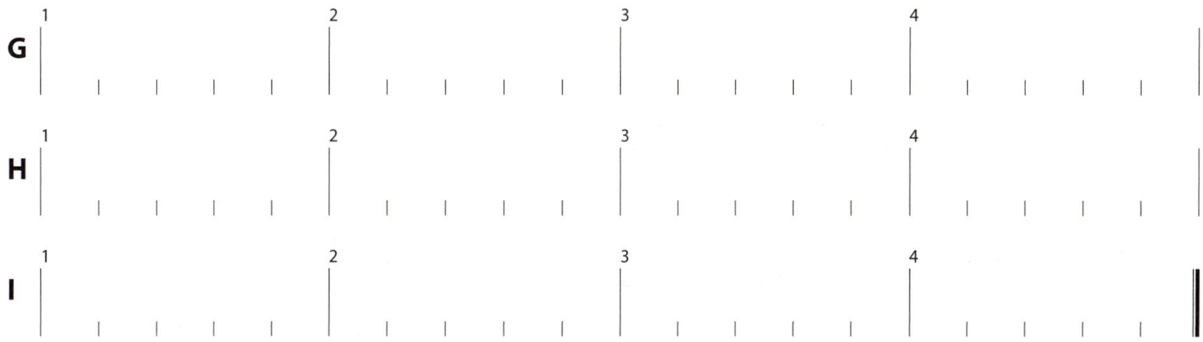

7 Wolfgang Amadeus Mozart

Stammbaum

Johann Georg Leopold Mozart (68 J.) Musiker — (28 J.) ⚭ (27 J.) 1747 — Anna Maria Walburga Pertl (58 J.)

Maria Anna Walburga Ignatia (Nannerl) (78 J.)

WOLFGANG AMADEUS 1756–1791 (35 J.) — (26 J.) ⚭ (20 J.) 4. Aug. 1782 — Konstanze Weber (80 J.)

Aus meinen Erinnerungen

Mozart als Kind

1756 Ich wurde als letztes von sieben Kindern am 27. Jänner in Salzburg geboren.

5 Jahre Ich schrieb meine erste Komposition, ein Menuett für Klavier.

A25

W. A. Mozart, 1. Menuett in G-Dur

6 Jahre Mit Vater und Schwester Nannerl ging ich für drei Wochen auf Konzertreise nach München.

Reisespiel

Vorübungen

- Mach dir beim Hören des 1. Menuetts von Mozart die Takte bewusst, indem du den Beginn jedes Taktes markierst (Klatschen, Gehen, Dirigieren).
- Beim nächsten Hördurchgang stellst du dir vor, dass du vor einer Plakatwand (siehe Spiel rechts) stehst. Pro Takt zeichnest du in der Luft waagrecht oder senkrecht eine Stricheinheit des Rasters, wobei die Richtung immer gewechselt werden muss.

Spiel

Die Fahrt von Salzburg nach München wird in zwei Etappen (1–2) zurückgelegt, ebenso die Rückfahrt (3–4). Zu jeder Etappe hört man eine Zeile des 1. Menuetts (Tonbeispiel A26–29).

- „Fahr" deine Route von Salzburg bis zum 1. Etappenziel mit einem Farbstift, indem du zur Musik der 1. Zeile des Menuetts für jeden Takt eine Stricheinheit verwendest (Richtung immer wechseln). Versuch die Route so anzulegen, dass du am Ende der Musik genau am 1. Etappenziel bist.
- Führ die nächsten drei Etappen gleich aus wie die erste. Die Musik wechselt: 2. Etappe = 2. Notenzeile; 3. Etappe = 3. Notenzeile; 4. Etappe = 4. Notenzeile

W. A. Mozart, 1. Menuett – Notenzeilen 1–4

A26
A27
A28
A29

7 Jahre Die „große Europareise" stand am Plan. Sie sollte dreieinhalb Jahre dauern. Wir besuchten u. a. München, Brüssel und Paris, wo wir fünf Monate blieben. Ich komponierte viel und gab Konzerte.

8 Jahre Ich reiste mit meiner Familie von Paris weiter nach London, wo ich mit neun Jahren meine 1. Sinfonie schrieb (Spiel-mit-Satz siehe S. 20).
Nach 15 Monaten verließen wir London und begaben uns nach Den Haag: Wir blieben sechseinhalb Monate, nicht zuletzt deshalb, weil Nannerl und ich eine schwere Krankheit überstehen mussten.

10 Jahre Von Den Haag ging es über Amsterdam und Brüssel wieder nach Paris. Weitere Konzerte gab ich u. a. in Lyon und Genf. Im November kehrten wir über München wieder nach Salzburg zurück.

13–16 Jahre Dreimal reiste ich nach Italien, hatte bei Konzerten in verschiedenen Städten großen Erfolg und wurde in Rom sogar vom Papst empfangen. Viel Zeit meines Lebens verbrachte ich in Kutschen, die Reisen waren beschwerlich und die Tage ausgefüllt von früh bis spät.

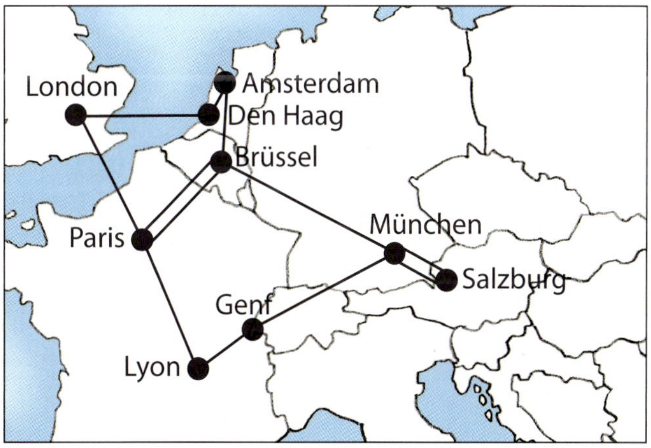

- Verfolg an der Karte die „große Europareise" der Familie Mozart und ergänze den Weg durch Richtungspfeile!

Sinfonie

Eine **Sinfonie** ist ein Werk für Orchester und besteht meist aus drei bis vier Teilen, die man Sätze nennt.

Spiel-mit-Satz zu Mozarts 1. Sinfonie, 3. Satz

A30 W. A. Mozart, Sinfonie Nr. 1, 3. Satz

Multimedialer Spiel-mit-Satz

Einrichtung: Gerhard Wanker

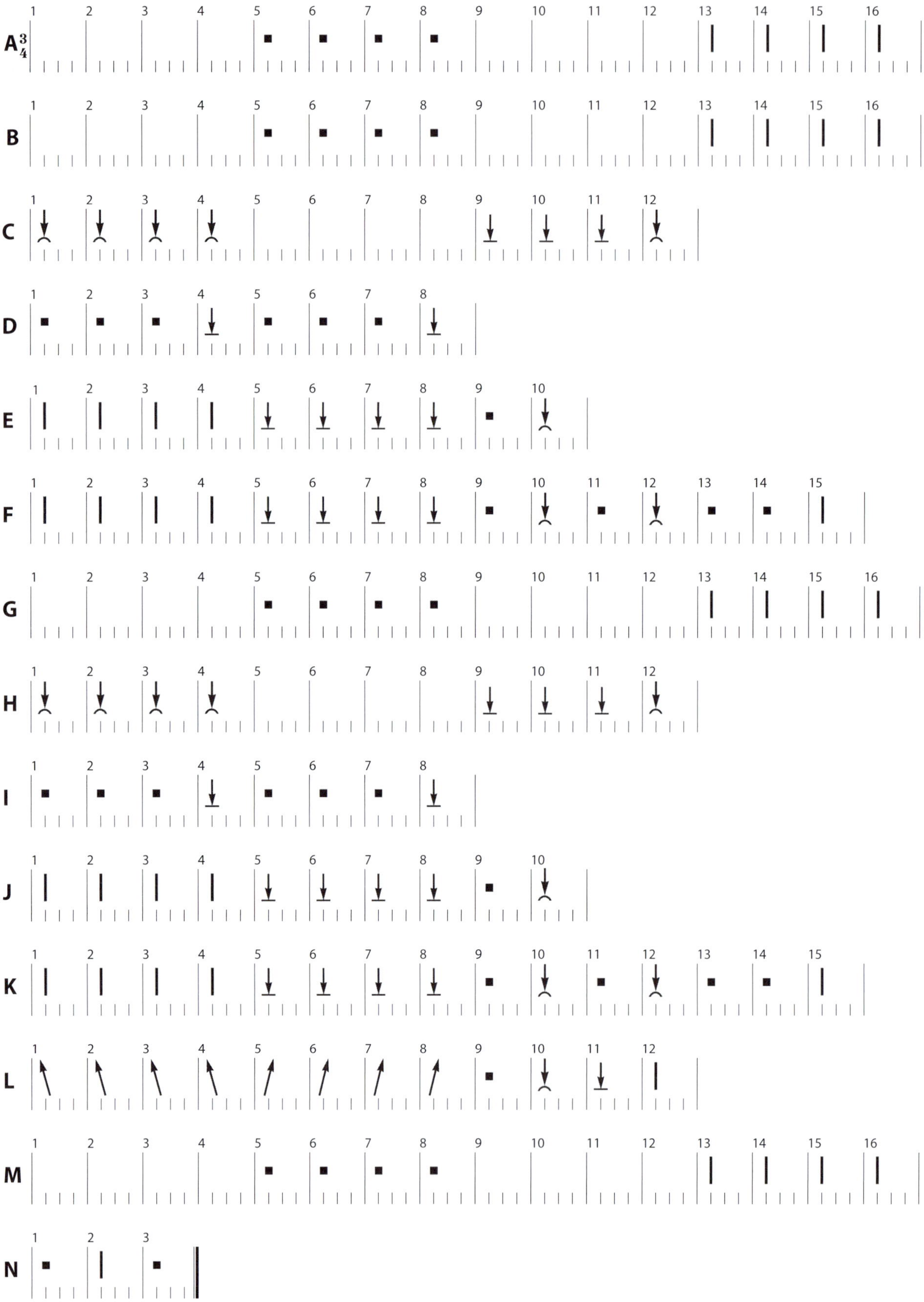

Tagesablauf auf der Reise

▸ Wir stellen einen Tag im Leben Mozarts pantomimisch zum Tonbeispiel A30 dar: Die Lehrerin/Der Lehrer oder eine Schülerin/ein Schüler schildert einen möglichen Tagesablauf, indem sie/er die unten angegebenen Stationen einbaut, während alle anderen diese in Szene setzen. (Stationen können öfter genannt oder auch neu erfunden werden.)

Ein Tag im Leben W. A. Mozarts – Stationen
Koffer in die Kutsche tragen – Verabschiedung von Mutter und Schwester – mit der Kutsche fahren – in der Kutsche üben – ins Quartier laufen – fürs Konzert umziehen – zur Kutsche laufen – mit der Kutsche fahren – in den Konzertsaal laufen – das Publikum begrüßen – das Konzert spielen – vor dem Publikum verbeugen – Publikum applaudiert

26 Jahre Gegen den Willen meines Vaters heiratete ich Konstanze Weber.

35 Jahre **30. September 1791:** Die *Zauberflöte* wurde in Wien uraufgeführt. Ich schreibe jetzt an einem *Requiem* (Totenmesse), ein Auftragswerk, das ich so rasch wie möglich beenden will.

Zeitungsmeldung vom 5. 12. 1791:

Heute verstarb der Komponist Wolfgang Amadeus Mozart

Sein letztes Werk – ein Requiem – konnte er nicht mehr vollenden.

Quiz-Box 7

- In welcher Stadt wurde Wolfgang Amadeus Mozart geboren?
- Wie hieß Wolfgang Amadeus Mozarts Schwester mit Spitznamen?
- In welchem Lebensjahr komponierte Wolfgang Amadeus Mozart seine 1. Sinfonie?
- Wie nennt man die einzelnen musikalischen Teile einer Sinfonie?
- Was ist eine Sonate?
- Wie heißt das letzte Werk von Wolfgang Amadeus Mozart, das er nicht vollenden konnte?
- Wie alt wurde Wolfgang Amadeus Mozart?

◆ Mehr Fragen im MUSIKQUIZ

Sonate

Die **Sonate** ist eine mehrsätzige Instrumentalkomposition.

A31

W. A. Mozart, Sonate in C-Dur, KV 545, 1. Satz, Takt 1–28

Mozart komponierte die Klaviersonate in C-Dur, KV 545, mit 32 Jahren in Wien.

- Die Angabe C-Dur gibt die Tonart bekannt.
- Die Buchstaben „KV" stehen für „Köchelverzeichnis": Der Name verweist auf den österreichischen Gelehrten Ludwig Köchel (1800–1877 / 77 J.), der nach dem Tod Mozarts dessen Werke in einem Verzeichnis neu geordnet hat.

W. A. Mozart: Sonate C-Dur, KV 545, 1. Satz – Beginn

Im Notenbild oben siehst du den Beginn der Klaviersonate: Je zwei Notenzeilen sind miteinander verbunden. Die obere Zeile spielt die Pianistin/der Pianist mit der rechten, die untere mit der linken Hand.

Versuch, dich beim Hören am Notenbild zu orientieren!

Spiel-mit-Satz zu Mozarts Sonate C-Dur, KV 545, 1. Satz – Beginn

Multimedialer Spiel-mit-Satz

Benötigte Klangbausteine: c, d, e, f, g, a, h

Beginne erst ab Takt 3 mitzuspielen, bei der Wiederholung aber von vorne!

4/4

1	2	3	4	5	6	7	8
:c . c .	d . c .	f . e .	d . c .	f . . .	e . . .	d . . .	c . . .
9	**10**	**11**	**12**	**13**	**14**	**15**	**16**
f . . .	f . a .	g g g g	g g g .	. . . .	g g g g	a a a a	g g g g
17	**18**	**19**	**20**	**21**	**22**	**23**	**24**
a a a a	g . c .	a . h .	g . a .	d . g .	c c c c	c c c c	d d d d
25	**26**	**27**	**28**				
d d d d	g . . d	g . . d	g g g . :				

Lautschulung für den Vokal „O“ 8

Bei der Aussprache des Vokals „O“ sind die Lippen leicht vorgezogen und bilden eine kreisförmige Öffnung. Die Zahnreihen sind geöffnet, die Zungenspitze liegt an den unteren Schneidezähnen, der Zungenrücken ist leicht gewölbt, der Kiefer etwas tiefer als beim „U“.

O-Training A32

▶ Versucht jedes Wort, das im Tonbeispiel vorgesprochen wird, richtig nachzusprechen!

langes „O“	**kurzes „O“**
oder	Otter
Ofen	offen
Oper	Opfer
Ostern	Osten
Chor	Korn
Dose	Topf
Fohlen	folgen
Mode	Motte
Pfote	Pforte
Sohn	sonnen
Schote	Schotte
Ton	Tonne
Wohl	Wolle

Playback zu *O-Reim* A33

▶ Sprecht den *O-Reim* zum Playback und führt dabei das lang und das kurz gesprochene „O“ richtig aus!

O-REIM

Text: Gerd Linke

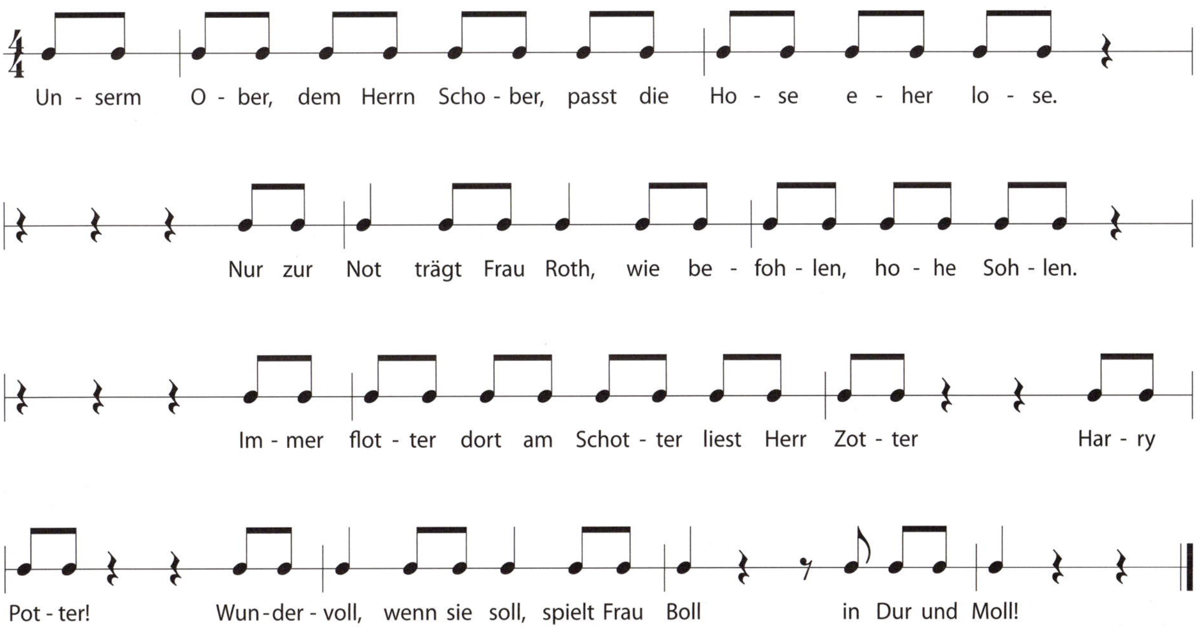

9 Metrum

Unter **Metrum** versteht man gleichmäßige Schläge, die alle gleich betont sind.

- Versucht, einzeln oder in der Gruppe gleichmäßige Schläge zu klopfen!

Metronom

Der Wiener Johann Nepomuk Mälzel erfand im Jahr 1816 ein Gerät, mit dem gleichmäßige Schläge erzeugt werden können. Mit Hilfe eines verschiebbaren Gewichts auf dem Pendel lässt sich die Schlaggeschwindigkeit einstellen.

M.M. ♩ = 60 bedeutet: Nach Mälzels Metronom sind 60 Schläge in einer Minute als Tempo für die Viertelnote zu wählen.

Die Tempoangabe steht am Beginn eines Stücks.

- Mach M.M. ♩ = 60 hörbar, indem du mit dem Sekundenzeiger einer Uhr mitklopfst!

Kanon

Ein **Kanon** ist ein mehrstimmiges Musikstück, bei dem die Stimmen nacheinander mit der gleichen Melodie einsetzen.

METRUM-KANON

Einrichtung: Gerhard Wanker

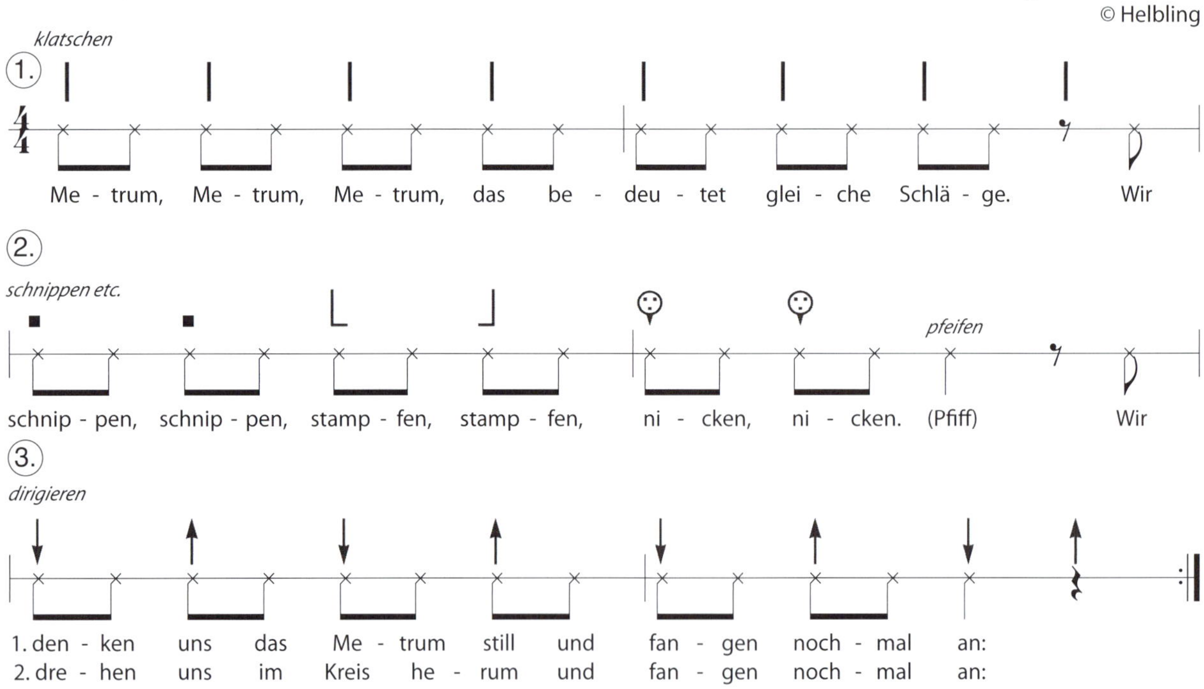

- Wir sprechen den Kanon einstimmig und führen die über dem Text stehenden Zeichen | ▪ └ ┘ ☺ ↓ ↑ aus.

- Wir führen den Kanon dreistimmig aus:
  - nur Text sprechen
  - Text sprechen und mit körpereigenen Instrumenten begleiten
  - nur mit körpereigenen Instrumenten

- Versuch, mit eigenen Worten das Prinzip eines Kanons zu erklären!

Vorschläge für eine Bewegungsgestaltung (2. Strophe)

Einstimmig

Aufstellung

Ausführung

1. Zeile: 4 Schritte li beginnend in die Kreismitte, 4 Schritte zurück
2. Zeile: Bewegungen nach dem Text
3. Zeile: mit 8 Schritten re beginnend um die eigene Achse nach re drehen

Im dreistimmigen Kanon

Aufstellung

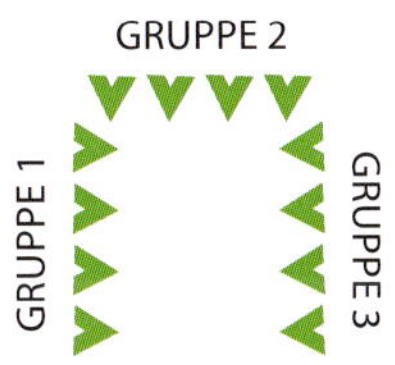

Ausführung

1. Zeile: 4 Schritte li beginnend in die Kreismitte, 4 Schritte zurück
2. Zeile: Bewegungen nach dem Text
3. Zeile: mit 8 Schritten re beginnend um die eigene Achse nach re drehen

Übungen mit der Metrumzeile

Übung 1

Wir klatschen die Punkte gleichmäßig. Dabei lassen wir ein Metronom mitlaufen und orientieren uns danach.

Metrumzeile	•	•	•	•	•	•	•	•	•	•	•	•
Zählzeile	1	2	3	4	5	6	7	8	9	10	11	12

Übung 2

Wir klopfen die Metrumzeile nun mit dem Fuß und klatschen an den Stellen, die mit einem Markierungszeichen (/) versehen sind, in die Hände.

Markierungszeile	/	/	/		/		/				/	/
Metrumzeile	•	•	•	•	•	•	•	•	•	•	•	•
Zählzeile	1	2	3	4	5	6	7	8	9	10	11	12

Übung 3

Wir klatschen einmal die Rhythmuszeile 1, das andere Mal die Rhythmuszeile 2.
Mit dem Fuß klopfen wir das Metrum.

Zur Information:
Rhythmuszeile 1: Die Markierungszeichen aus Übung 2 sind mit Notenwerten ausgefüllt.
Rhythmuszeile 2: Die Markierungszeichen aus Übung 2 sind in Viertelnoten und entsprechenden Pausen geschrieben.

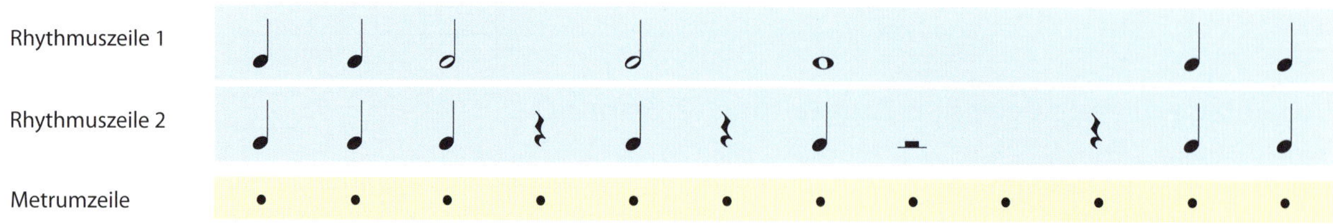

Wir spielen die Rhythmuszeile 1 auch mit Instrumenten! Jedem Notenwert wird ein Instrument zugeordnet. Welche Instrumente sollen für kurze (♩), welche für lange Töne (𝅗𝅥, 𝅝) verwendet werden?

Übung 4

Füll die Rhythmuszeile mit Ganzen, Halben und Vierteln richtig aus!
Du hast insgesamt die Dauer von zwölf Viertelnoten zur Verfügung.

Rhythmuszeile												
Metrumzeile	•	•	•	•	•	•	•	•	•	•	•	•
Zählzeile	1	2	3	4	5	6	7	8	9	10	11	12

Übung 5

Eine Schülerin/Ein Schüler klatscht oder spielt ihre/seine Lösung (Übung 4), während die anderen versuchen, diese aufzuschreiben.

Gehe beim Aufschreiben wie folgt vor:

a) Schreib in die Markierungszeile über jeden Punkt, bei dem du einen Klatscher hörst, ein Markierungszeichen (/)!
b) Übertrag die Markierungszeichen in die Rhythmuszeile 1 nur mit Notenwerten!
c) Übertrag die Markierungszeichen in die Rhythmuszeile 2 mit Viertelnoten und entsprechenden Pausen!
d) Vergleicht eure Lösungen und klatscht sie gemeinsam!

Rhythmuszeile 1												
Rhythmuszeile 2												
Markierungszeile												
Metrumzeile	•	•	•	•	•	•	•	•	•	•	•	•
Zählzeile	1	2	3	4	5	6	7	8	9	10	11	12

Für weitere Übungen dieser Art benütze das „Übungsblatt für Metrum/Takt/Rhythmus“ im Anhang! Du kannst dabei den Schwierigkeitsgrad für die Hörerin/den Hörer und die Aufschreiberin/den Aufschreiber steigern, indem du statt des Klatschens Klänge von verschiedenen Instrumenten verwendest. Probier es einmal!

I LIKE TO EAT/DRINK

Playback zu *I like to eat/drink*

A34

Traditional aus Amerika

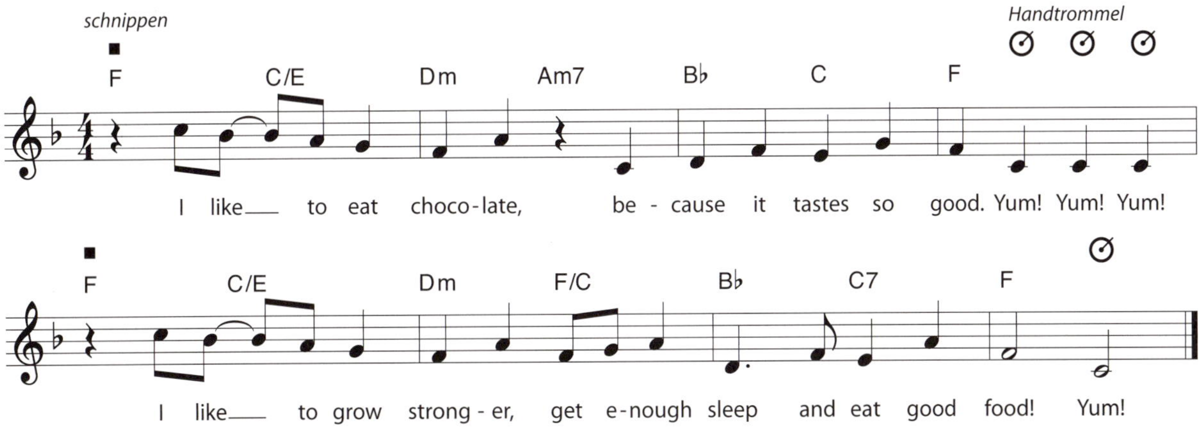

Weitere Strophen: I like to eat: apples, cherries, peanuts, mangos … because they taste so good ...
I like to drink: water, coffee, black tea, limo ... because it tastes so good ...

▶ Setz noch andere Speisen und Getränke ein! Jeder kommt einmal als Solistin/Solist an die Reihe. Die Solisin/Der Solist singt die ersten zwei Takte, dann singen alle.

- *Bei der Obsternte: Wir strecken uns beim Pflücken der Äpfel und legen die Äpfel behutsam auf die Erde. Dabei achten wir, dass wir beim Strecken einatmen und beim Hinlegen der Äpfel langsam ausatmen.*
- *Wer fleißig Obst erntet, darf auch von den Früchten kosten. Bevor wir zubeißen, säubern wir den Apfel, indem wir den Staub mit kurzen, kräftigen Luftstößen wegblasen (Luftstrom vom Zwerchfell steuern!).*
- *Wir atmen durch die Nase ein und riechen den Duft der Äpfel. Beim Ausatmen geben wir durch Laute zu erkennen, dass uns der Apfelgeruch angenehm ist (Mmh, Aah ...).*
- *Nun essen wir den Apfel und machen große und kleine, schnelle und langsame Kaubewegungen, denn: „Gut gekaut, ist halb verdaut!"*
- *Wir rufen uns gegenseitig freudig zu: „I like to eat apples!" oder „Yum! Yum! Yum!"*
- *Wir üben zwei Stellen des Lieds und achten auf den richtigen Rhythmus und auf die richtige Tonfolge:*

▶ Wir klopfen während des Singens das Metrum, z. B. auf dem Tisch, mit Schlagstäben etc.:

Melodische Begleitung zum Lied

Quiz-Box 9

- Als Metrum bezeichnet man in der Musik ...
- Wie heißt das für Musikausübende hilfreiche Gerät, das gleichmäßige Grundschläge erzeugt?
- Wer erfand im Jahr 1816 das Metronom?
- Was bedeutet M.M. ♩ = 80?
- Wie heißt ein mehrstimmiges Musikstück, bei dem die Stimmen nacheinander mit der gleichen Melodie einsetzen?

◆ Mehr Fragen im MUSIKQUIZ

10 Ludwig van Beethoven

Stammbaum

Johann van Beethoven (52 J.) Musiker — (27 J.) ⚭ (21 J.) 1767 — Maria Magdalena Keverich verw. Leym (41 J.) Kammerzofe

LUDWIG VAN BEETHOVEN
1770–1827 (56 J.)

Beethoven war nicht verheiratet und hatte keine Nachkommen.

Beethovens Vorfahren:

- Beethovens Großvater stammte aus Belgien und brachte es bis zum Hofkapellmeister in Bonn.
- Sein Vater war Sänger in der Bonner Hofkapelle.

Ludwig van Beethoven

Schlagzeilen aus seinem Leben

Ludwig ist das zweite von sechs Kindern.
Seine Geburtsstadt ist Bonn am Rhein.

Seit seinem 4. Lebensjahr erhält er von seinem Vater Klavierunterricht und lernt auch Violine.

Mit 13 Jahren spielt er schon beruflich Orgel.

Mit 21 Jahren übersiedelt er von Bonn nach Wien.

Mit 30 Jahren beginnt sein Gehörleiden.
Er komponiert trotz völliger Taubheit (ab 45 J.) weiter.

Mit 56 Jahren stirbt er in Wien.

Für Elise

Für Elise heißt eine Klavierkomposition, die Ludwig van Beethoven mit 40 Jahren geschrieben hat (1810). Das leicht spielbare Stück gehört zu seinen bekanntesten und beliebtesten Werken. Das Hauptmotiv wird häufig wiederholt und ist daher sehr einprägsam.

A35

L. v. Beethoven, *Für Elise*

Führ den Spiel-mit-Satz zu *Für Elise* mit zwei chinesischen Essstäbchen aus!

Zeichenerklärung

- mit dem dicken Ende der Essstäbchen auf die Tischfläche klopfen
- mit der Spitze der Essstäbchen auf die Tischfläche klopfen
- Essstäbchen kreuzweise aufeinander schlagen

Spiel-mit-Satz zu *Für Elise*

Musik: Ludwig van Beethoven · Einrichtung: Gerhard Wanker · © Helbling

Multimedialer Spiel-mit-Satz

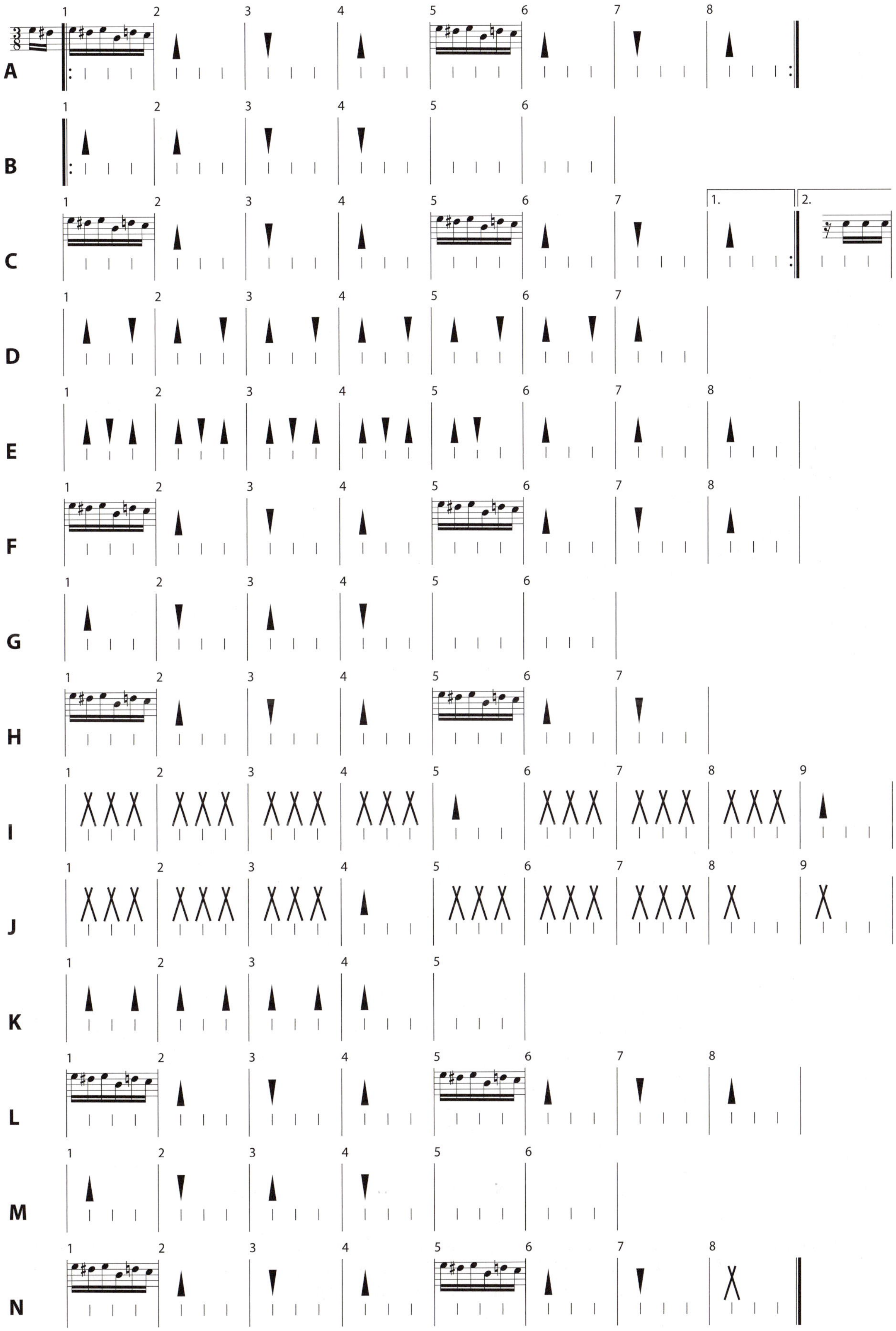

Achtung Aufnahme

Wir wollen die „Live-Übertragung" eines Konzerts im „Fernsehen" gestalten. Auf dem Programm steht der 1. Satz aus der 8. Sinfonie von Ludwig van Beethoven.

- Jede/Jeder bereitet sich als Moderatorin/Moderator für die Ansage (Beginn der Sendung) sowie für die Absage (Schluss der Sendung) dieses Musikstücks vor! Hör den 1. Satz öfter an, mach dir Notizen und vergleich sie anschließend mit den Aufzeichnungen deiner Mitschülerinnen/Mitschüler!

Anregungen für Notizen

- In welcher Art von Sendung sagst du das Stück an?
- Finde auch einen eigenen Titel für die Sendung!
- Für welche Besetzung (Blasmusik, Band, Chor, Orchester) ist dieses Stück geschrieben?
- Nenn Instrumente, die du hörst!
- Schildere deinen persönlichen Höreindruck!

- Spielt die „Live-Übertragung" einmal durch.
  Ort: Konzertsaal.
  Schülerinnen/Schüler führen durch die Sendung. Die anderen sind aufmerksame Zuhörerinnen/Zuhörer. Rotlicht – Achtung, Aufnahme!

A36 L. v. Beethoven, Sinfonie Nr. 8, 1. Satz (Ausschnitt)

Quiz-Box 10

- Wie heißt der Geburtsort von Ludwig van Beethoven?
- Wie alt war Beethoven, als er endgültig von Bonn nach Wien zog?
- An welcher Krankheit litt Ludwig van Beethoven?
- Wie lautet der Titel eines berühmten Klavierstücks von Ludwig van Beethoven?

◆ Mehr Fragen im MUSIKQUIZ

Tonhöhen

Es gibt **fünf Notenlinien** und **vier Zwischenräume.**

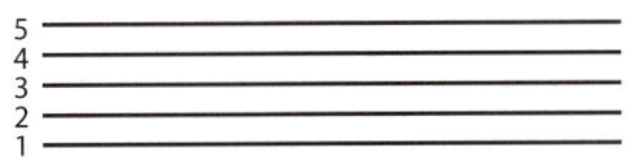

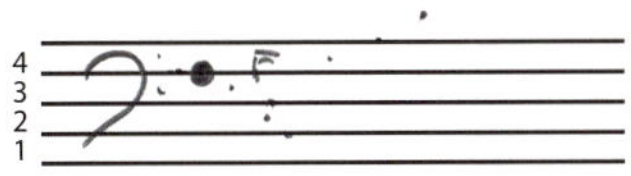

Die Tonhöhe einer Note kannst du aufgrund ihrer Position im 5-Liniensystem und mit Hilfe des Notenschlüssels feststellen.

Violin- oder G-Schlüssel

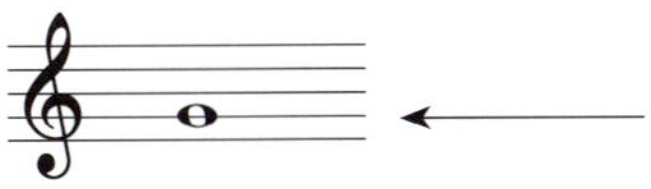

Am Beginn einer Notenzeile steht der **Violin- oder G-Schlüssel.**
Er gibt an, dass sich die Note g^1 auf der zweiten Notenlinie befindet.

Noten, die außerhalb des 5-Liniensystems liegen, schreibt man mit Hilfslinien.

Oktavräume

Oktav nennt man den Abstand vom 1. zum 8. Ton einer Tonleiter.
(Der 8. Ton ist gleichzeitig der 1. Ton der nächsten Oktav.)

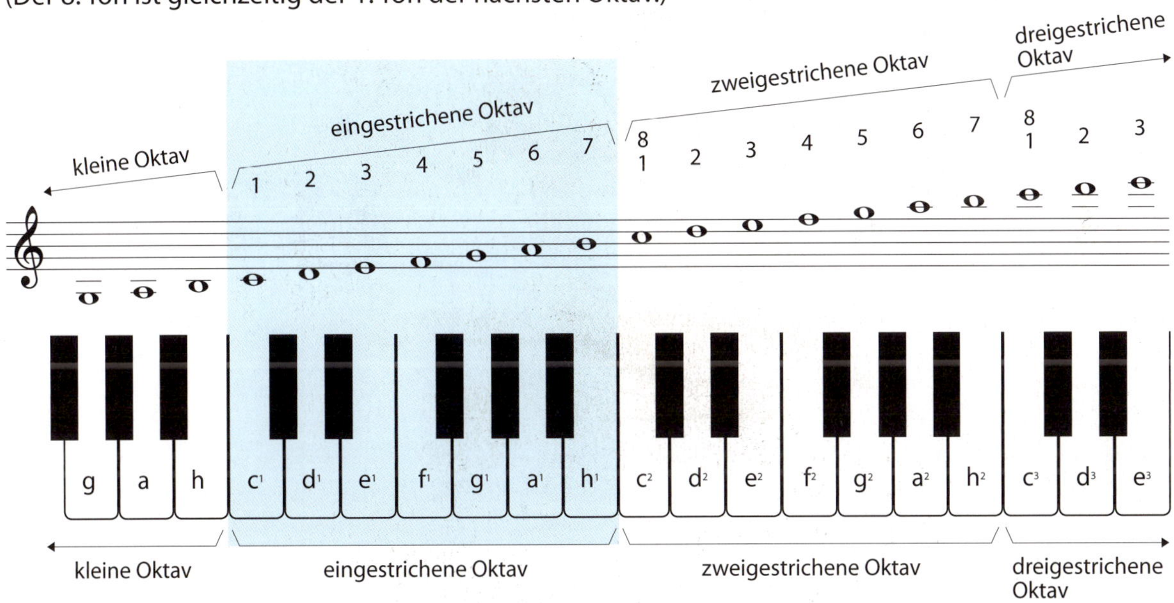

- Spiel die angegebenen Noten auf einem Klavier!
  Aus wie vielen Oktaven besteht der Tonumfang eines Klaviers?

- Schreib die richtigen Notennamen in die Kästchen!

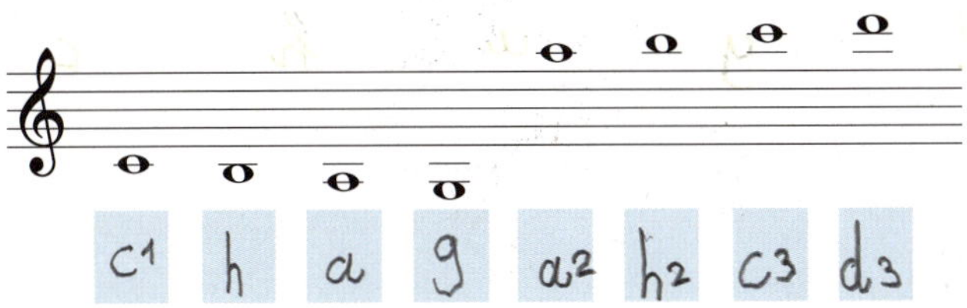

Lernspiel Notennamen-Memory

C-Dur-Tonleiter

Die **C-Dur-Tonleiter** besteht aus den Tönen c - d - e - f - g - a - h - c.

Klaviatur

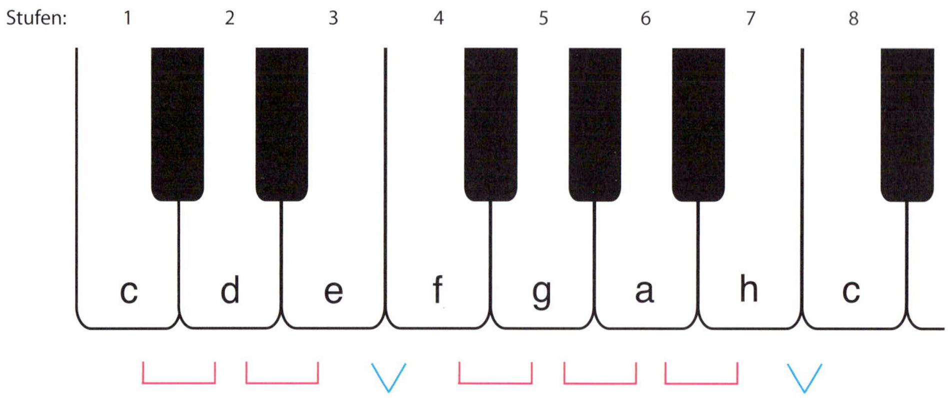

Wenn du die C-Dur-Tonleiter auf dem Klavier spielst, brauchst du dafür nur die weißen Tasten.

Halbtonschritte und Ganztonschritte

Wir unterscheiden Halbtonschritte ∨ und Ganztonschritte ⊔ .
Natürliche Halbtonschritte befinden sich zwischen e – f und h – c.

Du kannst sie dir mit dem Wort C H E F leicht merken.

Die C-Dur-Tonleiter in Treppenform

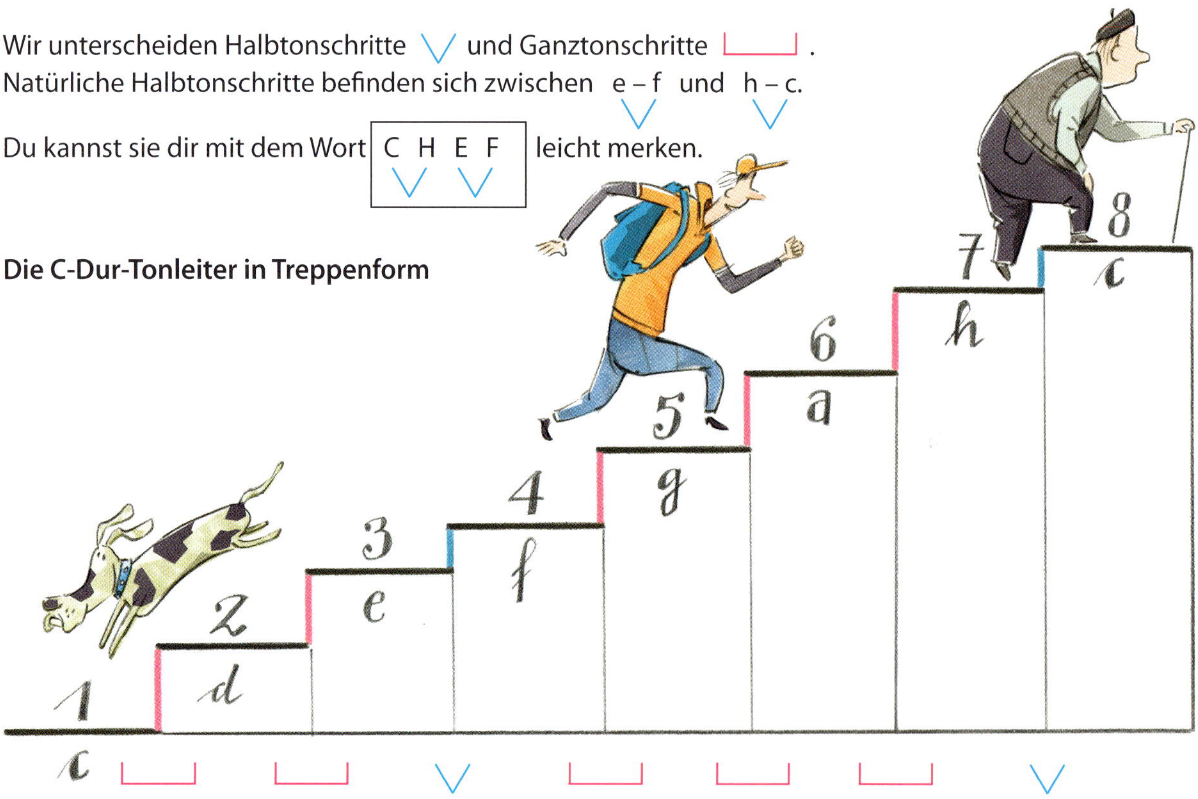

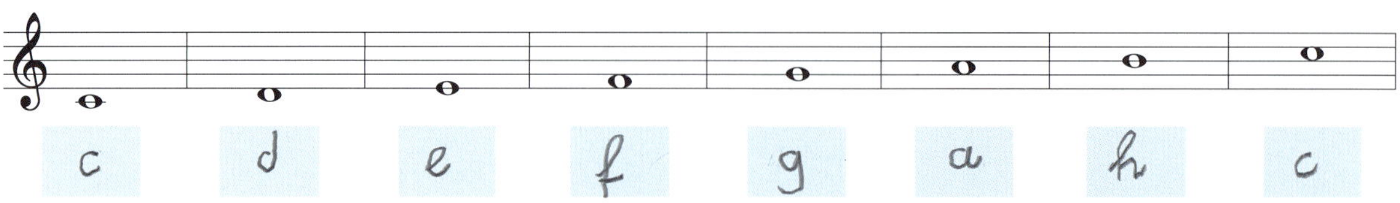

- Schreib unter jede Note den richtigen Namen!
- Singt oder spielt die C-Dur-Tonleiter auf Instrumenten!

NOTENNAMEN-KANON

Text und Musik: Gerhard Wanker
© Helbling

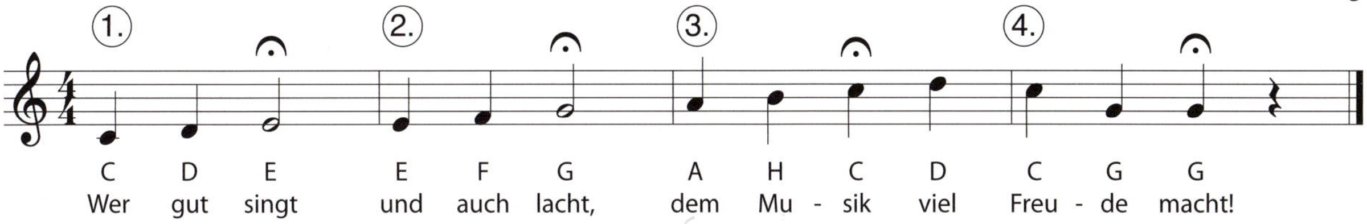

Mit **Ostinato** bezeichnet man eine immer wiederkehrende musikalische Figur.

Ostinato vokal/instrumental

NOTENNAMEN-KANON Swing-Fassung

Text und Musik: Gerhard Wanker
© Helbling

Ostinato vokal/instrumental

SCALE SONG

G. Wanker, *Scale song*

A37

- Schreib unter jede Note den richtigen Notennamen!

Musik und Arrangement: Gerhard Wanker
© Helbling

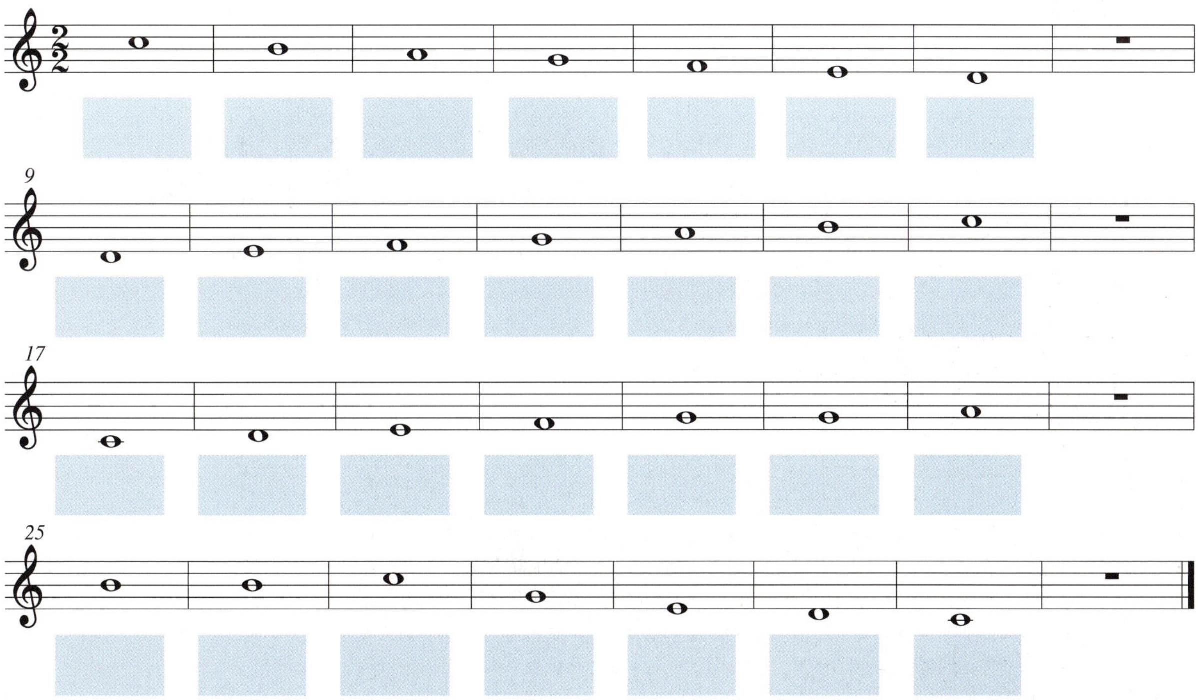

Multimedialer Spiel-mit-Satz

- Singt oder spielt mit Stabspielen/Melodieinstrumenten den *Scale song* zum Tonbeispiel A37!

12 Lautstärke in der Musik

Dynamische Zeichen

Denk über folgende Fragen nach:

- Bei welchen Gelegenheiten wünschst du dir laute bzw. leise Musik?
- Welche Wirkung hat auf dich laute bzw. leise Musik?

In der Musik heißen die Ausdrücke für die Lautstärke **dynamische Zeichen**.

In der folgenden Tabelle findest du die wichtigsten Ausdrücke für die Bezeichnung der Lautstärke in der Musik. Sie werden meist abgekürzt in italienischer Sprache angegeben.

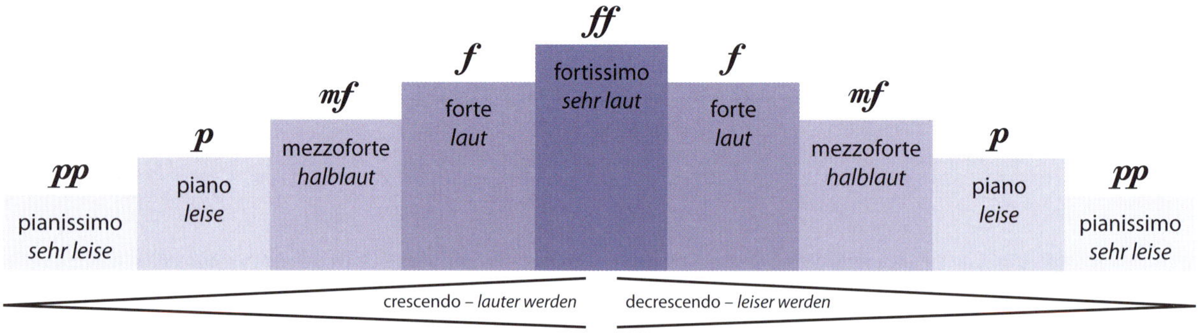

Dynamik-Karussell

Eine „Runde" mit dem *Dynamik-Karussell* dauert eine Minute. Die ersten 40 Sekunden sind vorgegeben. Bei der Ausführung können mehrere „Runden" gefahren werden. Beginnt in diesem Fall immer wieder von vorne!

▸ Ergänzt nach eigenem Geschmack die fehlenden 20 Sekunden und führt die Anweisungen aus!

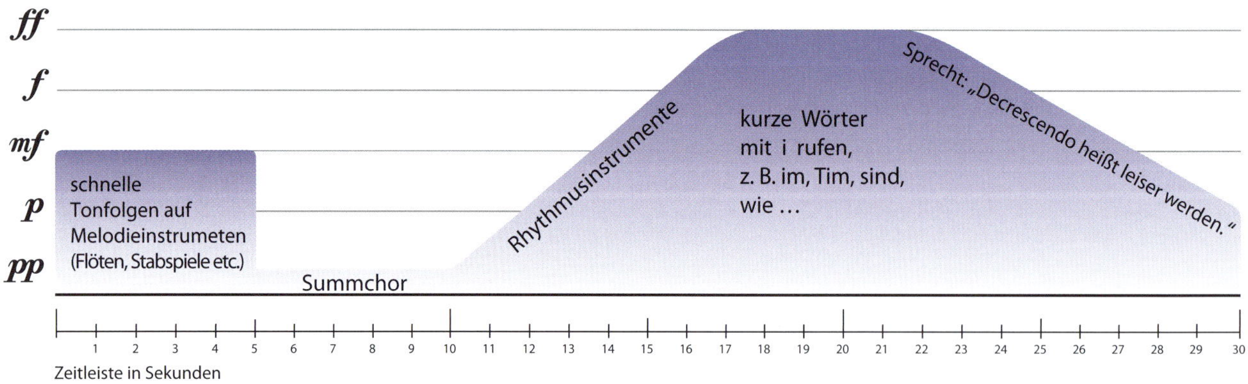

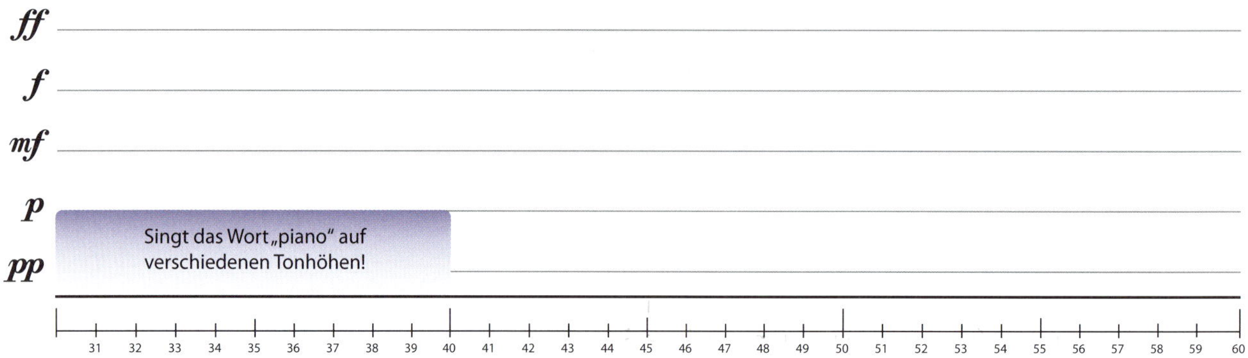

Anton Bruckner (1824–1896 / 72 J.)

Anton Bruckner

Bruckner ist ein bedeutender österreichischer Komponist, der im Stift St. Florian (Oberösterreich) gewirkt hat. Sein Grabmal befindet sich unter der Orgel dieser Stiftskirche.

Sinfonie Nr. 7, 4. Satz

Am Beginn des 4. Satzes seiner 7. Sinfonie (Tonbeispiel A38) verwendete Bruckner mehrere dynamische Zeichen.

A. Bruckner, Sinfonie Nr. 7, 4. Satz – Beginn

A38

▶ Verfolg beim Hören des Tonbeispiels A38 den dynamischen Verlauf und orientiere dich an der Zeitleiste (Sekundeneinteilung)!

Multimediale Hörpartitur

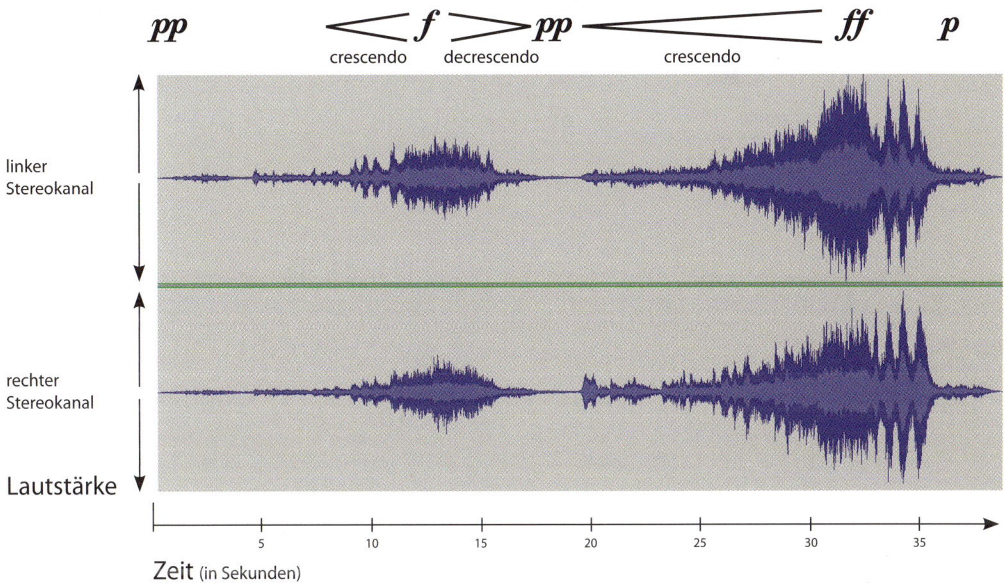

Antonín Dvořák (1841–1904 / 63 J.)

Antonín Dvořák

Dvořák ist ein wichtiger tschechischer Komponist. Auf seinen Reisen nahm er viele Einflüsse der Musik anderer Länder auf (z. B. Sinfonie Nr. 9 *Aus der Neuen Welt*).

Slawischer Tanz op. 46, Nr. 8

Im *Slawischen Tanz* Nr. 8 (Tonbeispiel A39) verarbeitete er – wie in vielen seiner Werke – tschechische Nationalweisen und setzte Lautstärkenunterschiede kunstvoll ein.

A. Dvořák, *Slawischer Tanz* op. 46, Nr. 8

A39

▶ Hört das Tonbeispiel A39 und dirigiert dazu! Reagiert dabei auf die einzelnen Lautstärken (laute Stellen = große Dirigierbewegungen, leise Stellen = kleine Dirigierbewegungen)!

GAR FINSTER IST'S IM TIEFEN WALD

A40

Playback zu *Gar finster ist's im tiefen Wald*

Text und Musik: Wilfried Fischer

Wir achten beim Singen des Lieds besonders auf die Hinweise für die Lautstärke.

- *Um Mitternacht ist Geisterstunde: Wir läuten die Glocke. In Schrittstellung fassen wir mit beiden Armen das Glockenseil, ziehen kräftig nach unten und schwingen wieder in die Ausgangsstellung zurück (zwölfmal). Dazu sprechen wir „bim-bam …".*
- *Die Gespenster versammeln sich und atmen einige Male kräftig durch den Mund aus und durch die Nase wieder ein.*
- *Wir flüstern den Satz „Gar finster ist's im tiefen Wald!" mit deutlicher Artikulation mehrere Male hintereinander und steigern bei jeder Wiederholung die Lautstärke von pianissimo bis fortissimo.*
- *Wir singen gespenstische Glissandotöne von oben nach unten auf „hu, hi, ho" und bewegen gleichzeitig unsere Arme und Hände vor dem Körper von unten nach oben.*
- *Nun singen wir die Tonfolge „U-hu-i!" mehrere Male hintereinander und gehen beim hohen Ton in die Knie.*

Begleitsatz für Stabspiele zu *Gar finster ist's im tiefen Wald*

Benötigte Klangbausteine: d, e, f, g, a

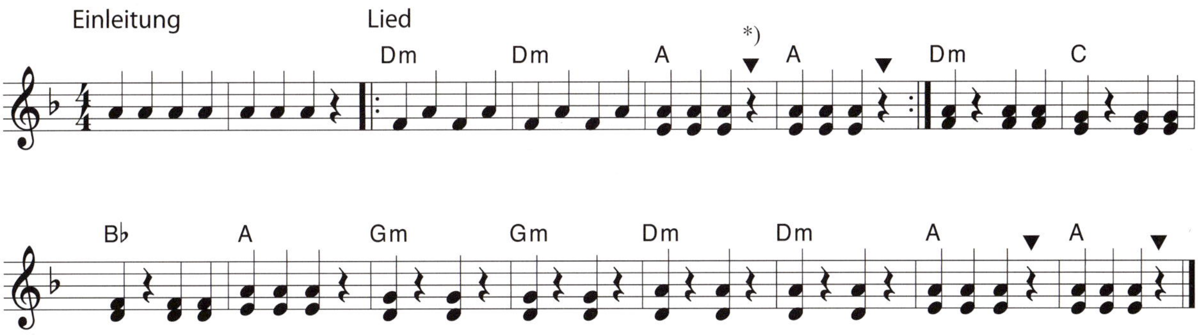

*) Schnarre/Maracas/Triangel

Hörquiz

▸ Bei den Tonbeispielen A41–46 hörst du Ausschnitte aus Musikstücken in verschiedenen Lautstärkegraden. Ergänze die Tabelle! Das erste Beispiel ist bereits vorgegeben.

Tonbeispiele für Lautstärke

A41–46

	pp	*p*	*mf*	*f*	*ff*
Tonbeispiel A41		x			
Tonbeispiel A42					
Tonbeispiel A43					
Tonbeispiel A44					
Tonbeispiel A45					
Tonbeispiel A46					

Quiz-Box 11

- Aus wie vielen Linien besteht traditionell das Notensystem?
- Welches Zeichen steht am Anfang einer Notenzeile?
- Wie heißen die Töne der C-Dur-Tonleiter von unten nach oben?
- Wie lautet der 7. Ton der C-Dur-Tonleiter?
- Die natürlichen Halbtonschritte befinden sich zwischen e–f und ...
- Wie nennt man den Abstand vom 1. zum 8. Ton einer Tonleiter?

Quiz-Box 12

- Was bedeutet „pp" in der Musik?
- Wie lautet die italienische Bezeichnung für „leise?"
- Was bedeutet die Abkürzung „f" in der Musik?
- Was heißt „fortissimo"?
- Wie lautet der Fachausdruck für eine allmähliche Steigerung der Lautstärke in der Musik?
- Was bedeutet „decrescendo"?
- Welcher bedeutende Komponist Österreichs wirkte im Stift St. Florian in Oberösterreich?

♦ Mehr Fragen im MUSIKQUIZ

13 Zweiteilige Liedform

Viele Lieder oder Musikstücke bestehen aus zwei Teilen: A B

Die beiden Teile sind meist gleich lang und unterscheiden sich musikalisch deutlich voneinander. Einen solchen Aufbau nennt man **zweiteilige Liedform**. Betrachte dazu das folgende Lied!

FRÖHLICH IST DIE WEIHNACHTSZEIT

A47

Playback zu *Fröhlich ist die Weihnachtszeit*

Musik: Volkslied aus Russland
Textübertragung: Hans Baumann

2. Haustor und der Gartenzaun
sind in Farben rot und blau.
Auf dem Zaun für jedes Kind
schöne goldne Kugeln sind.

3. Sind drei Fenster in dem Haus,
schaut der Himmel selbst heraus.
Vater, der inmitten sitzt,
wie die goldne Sonne blitzt.

4. Heller als der Silbermond
ist die Mutter, die dort wohnt.
Alle ihre Kinderlein
sind so hell wie Sternenschein.

Begleitsatz zu *Fröhlich ist die Weihnachtszeit*

Franz Schubert (1797–1828 / 31 J.)

Franz Schubert

Franz Schubert wurde in Wien geboren. Er wirkte in seinem kurzen Leben auch hauptsächlich in dieser Stadt.
Neben zahlreichen Instrumentalwerken machten ihn vor allem seine Lieder berühmt.
Er liebte Zusammenkünfte mit Dichtern, Malern und Freunden, die man als „Schubertiaden" bezeichnet.
Viele seiner Klavierstücke zeigen die zweiteilige Liedform, so auch der folgende *Deutsche Tanz*.

DEUTSCHER TANZ

(aus: *Sechzehn Deutsche Tänze* op. 33/3)

F. Schubert, *Deutscher Tanz* op. 33/3

A48

Dieser Tanz besteht aus den Teilen A und B. Die beiden Teile werden wiederholt, was im Notenbild durch das Wiederholungszeichen 𝄆 𝄇 angegeben wird.

Diese Note im vorletzten Takt heißt ______ .

Deutscher Tanz

Der Deutsche Tanz ist ein schneller Drehtanz im ¾-Takt. Er ist Mitte des 18. Jahrhunderts in Süddeutschland und Österreich aufgekommen und war um 1800 der Modetanz in Wien. Wolfgang Amadeus Mozart, Ludwig van Beethoven und Franz Schubert haben Deutsche Tänze für viele Tanzveranstaltungen in Wien komponiert.

Quiz-Box 13

- Die musikalische Form mit den Teilen A und B nennt man …
- Welchen Vornamen hat der Komponist Schubert?
- Die Zusammenkünfte von Dichtern, Malern und Freunden Schuberts nennt man …
- Welche Komponisten außer Franz Schubert haben Deutsche Tänze geschrieben?

◆ Mehr Fragen im MUSIKQUIZ

Tanzbeschreibung zum *Deutschen Tanz* op. 33/3

A48

F. Schubert, *Deutscher Tanz* op. 33/3

A

Aufstellung

in 2 Reihen gegenüber,
Blick zueinander

Grundschritt Teil A

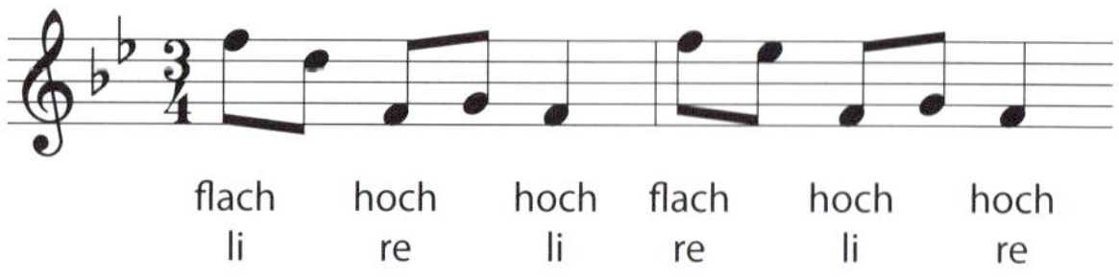

flach: Gehschritt vorwärts
hoch: Gehschritt vorwärts auf den Fußballen

Takt 1–2
rechtsschultrig aneinander vorbei auf den Platz des Gegenübers (Partnerinnen/Partner zeigen einander die Rücken)

Takt 3–4
über li Schulter halbe Drehung am Platz

Takt 5–8
wie T. 1–4 zurück zur Ausgangsstellung (letzter Takt: re flach vor und li unbelasteter Beistellschritt)

B

Aufstellung

wie Teil A mit
Handfassung der
re Hände

Grundschritt Teil B

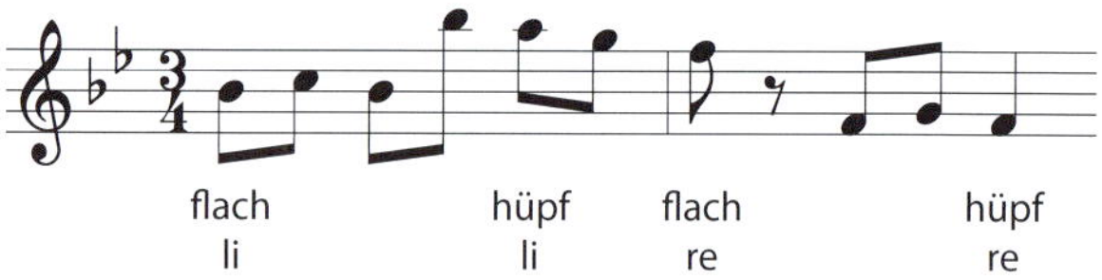

flach: Gehschritt vorwärts
hüpf: kleiner Sprung in die Luft

Takt 9–12
paarweise 2x Grundschritt im Uhrzeiger um die Paarachse; dann Handwechsel auf li

Takt 13–16
paarweise 2x Grundschritt gegen den Uhrzeiger um die Paarachse zur Ausgangsstellung (letzter Takt: re flach vor und li unbelasteter Beistellschritt)

Takt 14

Unter **Takt** versteht man die Gruppierung von Notenwerten zu einer Einheit.
Beim Musizieren wird der Takt hörbar, weil der erste Schlag einer Einheit betont wird.

▶ Klatscht die zwölf Viertelnoten in 2er-, 3er-, 4er- und 6er-Einheiten, indem die erste Note jeder Einheit betont wird (> = Betonungszeichen)! Zählt dabei mit!

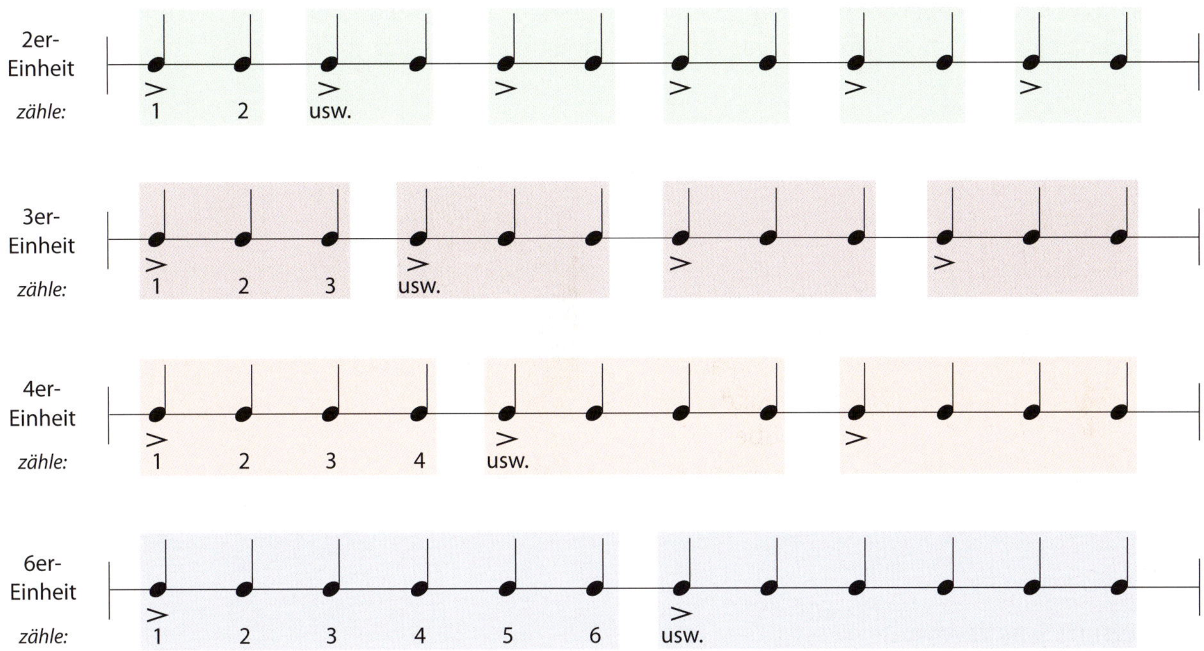

In einem $\frac{4}{4}$-Takt wird der Wert von vier Viertelnoten zusammengefasst.

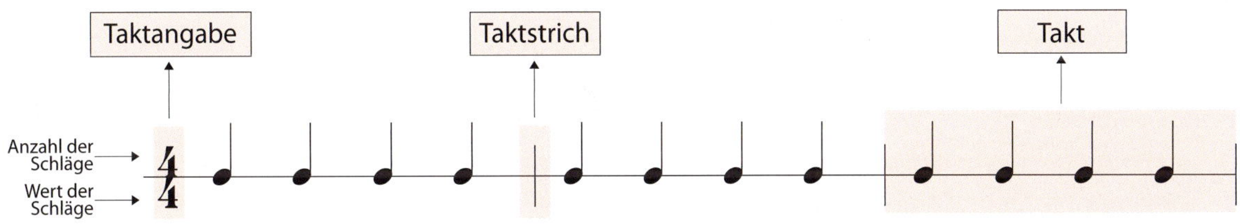

▶ Ergänze die untere Metrumzeile zu einer Taktzeile im 3/4-Takt:
- Schreib am Beginn die Taktangabe!
- Setz die Taktstriche richtig!

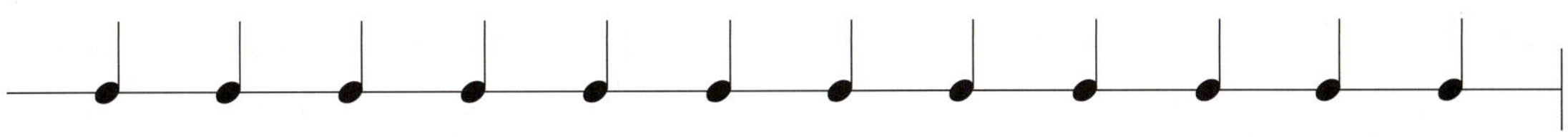

▶ Klatsch die Lösung und betone den ersten Schlag in jedem Takt!

Takt-Spiele

Städteflug

Wir finden zwei-, drei- und viersilbige Städtenamen und verwenden sie als Taktmerkwörter für die drei Taktzeilen.

Z. B. 4/4: Bratislava 3/4: Liverpool 2/4: Mailand

Einfache Spielform

Wir sprechen die Städtenamen, klatschen die einzelnen Taktzeilen und betonen den ersten Schlag (Akzentzeichen >) in jedem Takt. Das Tempo ist für jede Zeile gleich.

Taktzeile 1

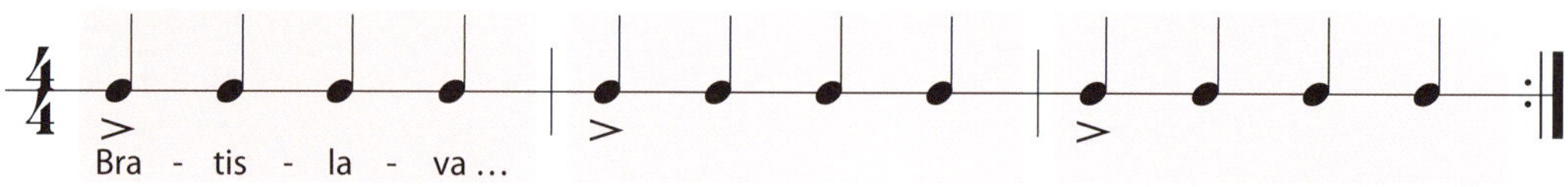

Taktzeile 2

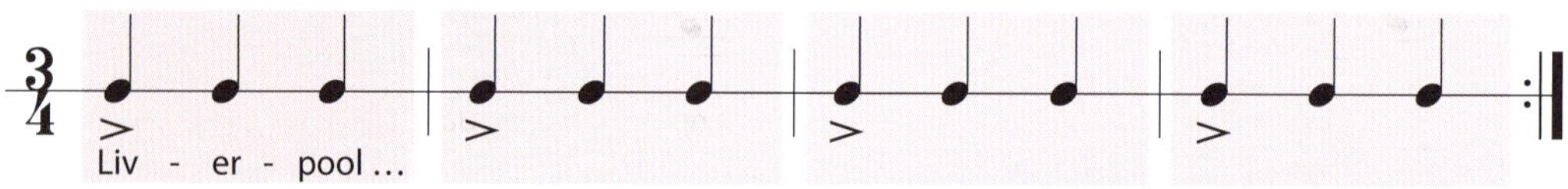

Taktzeile 3

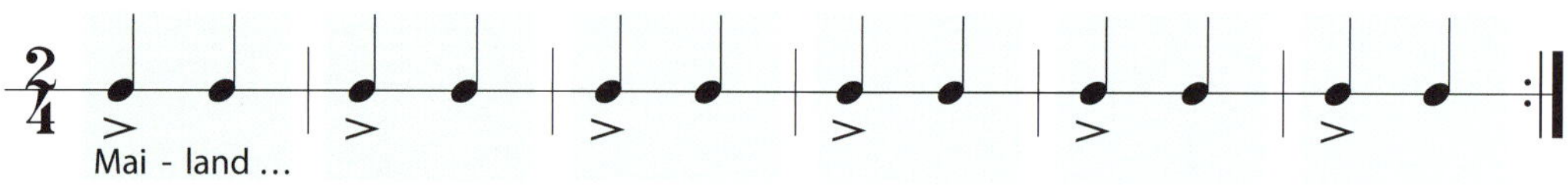

Weitere Spielformen

Einteilung in drei Gruppen. Jeder Gruppe wird eine Stadt als Zielflughafen für den Städteflug zugeordnet. Jede Gruppe wiederholt ständig ihre Zeile.
Achtung: Das Tempo ist für jede Zeile gleich!

1. Die Taktmerkwörter in den Zeilen 1–3 werden gleichzeitig von allen Gruppen gesprochen, wobei jeweils die erste Silbe eines Merkworts betont wird.
2. Von den Taktmerkwörtern wird jeweils nur die erste Silbe auf verschiedenen Tonhöhen oder in verschiedenen Lautstärken gesprochen/gesungen. Die restlichen Silben leise sprechen oder nur denken!
3. Wir bewegen uns frei durch den Raum, sprechen jeweils nur die Anfangssilbe der Taktmerkwörter und bringen dabei den ersten Schlag jedes Takts durch eine große Bewegung zum Ausdruck.
4. Wie 3., jedoch ohne Ton (die Taktmerkwörter werden nur innerlich als Orientierungshilfe mitgesprochen).
5. Erfindet weitere Spielmöglichkeiten!

Wörter-Mix

Findet für die nächste Zeile andere Taktmerkwörter! Verwendet dabei neben Hauptwörtern auch Zeitwörter oder Eigenschaftswörter! Mixt die verschiedenen Wortgattungen!
Sprecht und spielt eure Lösungen!

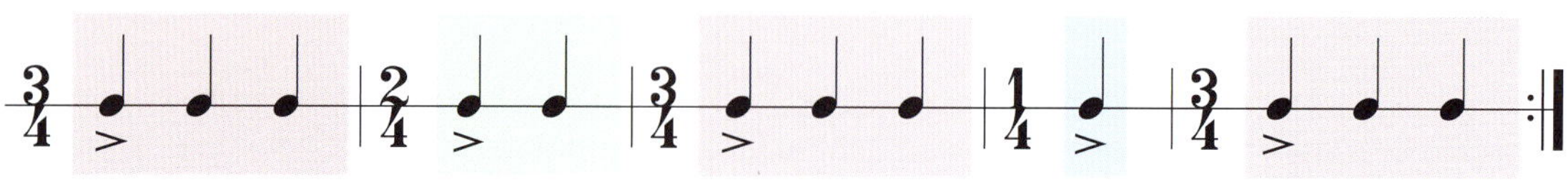

Aus dem Alpenland 15

Volkslieder und Volkstänze sind von unseren Vorfahren überlieferte Musizier- bzw. Tanzformen. Sie sind charakteristisch für die Landschaft, in der sie entstanden sind. Wenn du durch Österreich reist, kann es dir passieren, dass du von Tal zu Tal oder von Ort zu Ort andere Volkslieder hörst und Volkstänze siehst. Meist sind die Volkslieder und Volkstänze eng mit dem Brauchtum verbunden.

Das folgende Volkslied wird in ganz Österreich gesungen.

UND JETZT GANG I ANS PETERS BRÜNNELE

Playback zu *Und jetzt gang i ans Peters Brünnele* A49

Volkslied aus der Steiermark

2. Kaufts ma å mein grean Janker,
kaufts ma å mein schean Huat,
kaufts ma å mei liabs Dirndl,
weil i einrucken muass.
Holadi, holare …

3. Und der Adam håt d'Liab aufbråcht
und der Noa den Wein
und der David dås Zitherschlågn;
s'müassn Steirer g'wen sein.
Holadi, holare …

- *Früher, als es auf den Almhütten kein Telefon gab, verständigten sich die Sennerinnen/Sennen mit Jodlern. Wir singen:*

Wir achten darauf, dass unsere Stimme kräftig klingt und die Qualität des Klangs vom obersten bis zum tiefsten Ton gleich bleibt.

Im Alpenland sind Schreittänze meist in geraden Taktarten (2/4-Takt, 4/4-Takt), Drehtänze in ungeraden (3/4-Takt). Der Sechserschritt steht zwar im 3/4-Takt, ist aber ein Schreittanz.

SECHSERSCHRITT

A50 Playback zu *Sechserschritt*

Text und Musik: Lens Moser
© Helbling

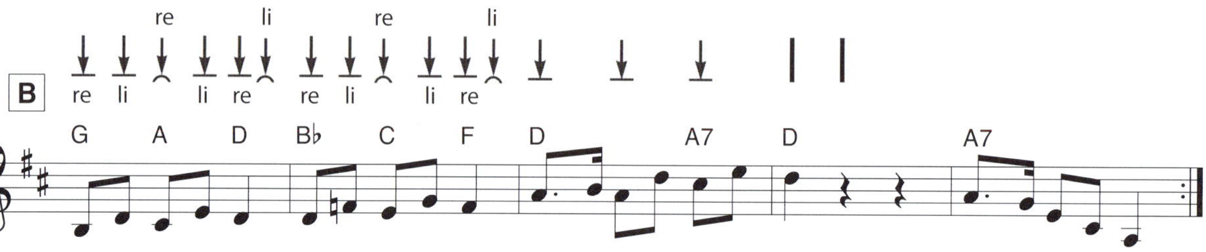

2. Liegt die Kåtz heut auf
der wårmen Ofenbånk,
is sie g'sund und morgen
überhaupt net krånk!

3. Wenn dås Frühjahr kommt,
werd'n Wies'n wieder grün,
Leute nehmen åb
und werden wieder dünn!

4. Finster wird's, die Sunn
am Himmel untergeht,
geh'n ma schlåf'n,
weil es is jå schon so spät.

Die Liedstrophen sind in Form von „Gstanzln" (auch „Schnadahüpfel") gestaltet. Darunter versteht man im österreichisch-bayrischen Raum scherzhafte Texte, die oft spontan beim gemeinsamen Singen entstehen.

▶ Finde weitere Strophen, indem du selbst ein Gstanzl dichtest oder bereits fertige Gstanzltexte an die Liedmelodie anpasst!

Zeichenerklärung

↓ (re) = mit der re Hand auf den re Oberschenkel patschen

↓ (li) = mit der li Hand auf den li Oberschenkel patschen

↓ (re, Bogen) = mit der re Hand auf den li Handrücken patschen, dabei li Hand heben

↓ (li, Bogen) = mit der li Hand auf den re Handrücken patschen, dabei re Hand heben

Tanzbeschreibung zum *Sechserschritt*

Ausgangsstellung
Flankenkreis, B innen, M außen, Hände in Brusthöhe gefasst

Takt 1–2
6 Gehschritte in Tanzrichtung (gegen den Uhrzeiger) vorwärts, li beginnen, Schritt 6 ist Beistellschritt

Takt 3–4
6 Gehschritte rückwärts, li beginnen, Schritt 6 ist Beistellschritt, Hände lösen

Takt 5
B gehen 3 Schitte auf der Kreisbahn vor (li-re-li), M bleiben stehen.

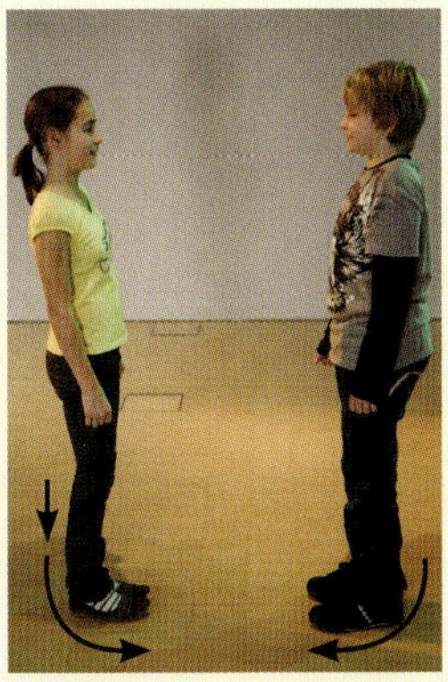

Takt 6
B bleiben stehen, M gehen 3 Schritte vor (li-re-li), auf dem 3. Viertel drehen sich beide zueinander.

Takt 7
Auf Schlag 1 und 2 in die Hände der Partnerin/des Partners klatschen.

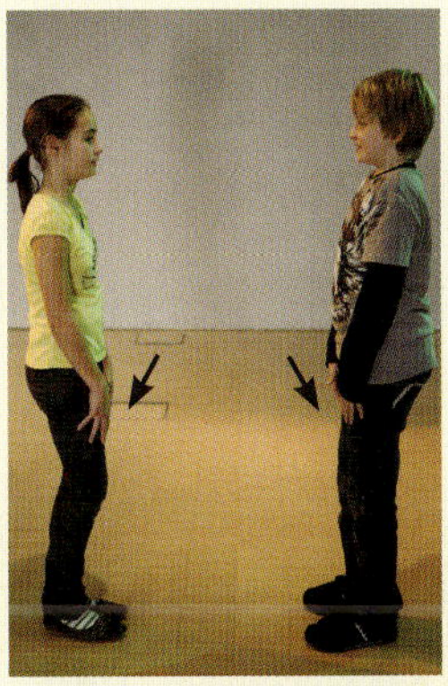

Auf Schlag 3 auf die eigenen Oberschenkel patschen.

Takt 8
Auf Schlag 1 leicht in die Knie gehen und Schwung holen.

Auf Schlag 2 beidbeinig in die Tanzrichtung hüpfen. Auf Schlag 3 Pause.

Takt 9
M bleiben stehen, B gehen mit 3 Schritten zum nächsten M vor (li-re-li).

Ausführungsmöglichkeiten

1. Es wird nur getanzt.
2. Es wird getanzt und gesungen: Die Takte 1–4 werden im Stillstand gesungen, die Takte 5–9 werden getanzt.
3. Singfassung ohne Tanz (im Sitzen): Teil A wird gesungen, im Teil B werden die Aktionen mit körpereigenen Instrumenten ausgeführt.

16 Rhythmus

▸ Klatscht die Zeilen Metrum,Takt und Rhythmus! Sprecht über Unterschiede!

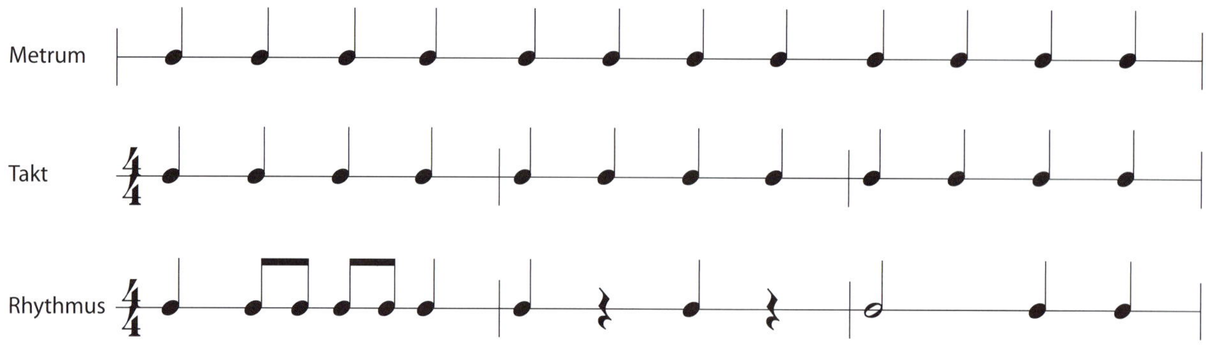

▸ Kreuze jenen Vorschlag an, der Rhythmus erklärt!

Rhythmus ist die
- ☐ Abfolge gleichmäßiger Schläge.
- ☐ Zusammenfassung von Takten.
- ☐ Gliederung in lange und kurze Tondauern/Pausen.

◆ Vom Metrum zum Rhythmus

▸ Führt die Rhythmusfelder 1–6 einzeln aus und wiederholt jedes Rhythmusfeld mehrmals ohne Unterbrechung:
- Sprecht die obere Textzeile im Metrum (Metrumtext: Jede Silbe/jedes Wort ist gleich lang)!
- Klatscht dazu den angegebenen Rhythmus!
- Geht dann langsam vom Metrumtext in den Rhythmustext (untere Zeile) über!

▸ Ergänzt die Rhythmusfelder 7–9 mit verschiedenen Noten- und Pausenwerten, erfindet einen sinnvollen Rhythmustext dazu und sprecht/klatscht sie!

Rhythmusfeld 1

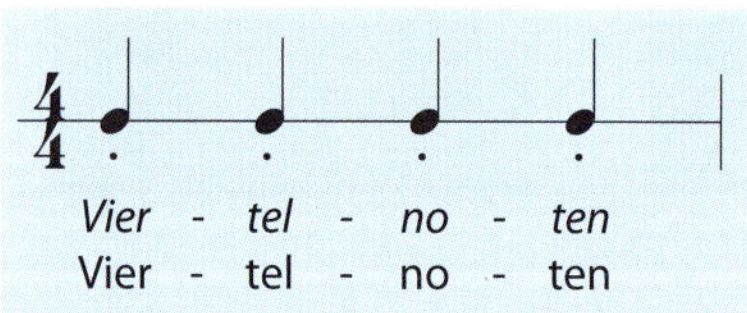

Rhythmusfeld 2

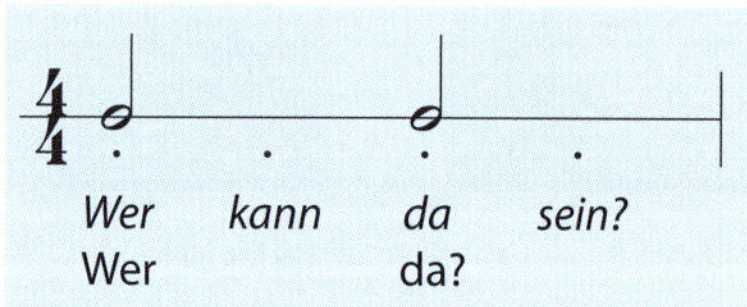

Rhythmusfeld 3

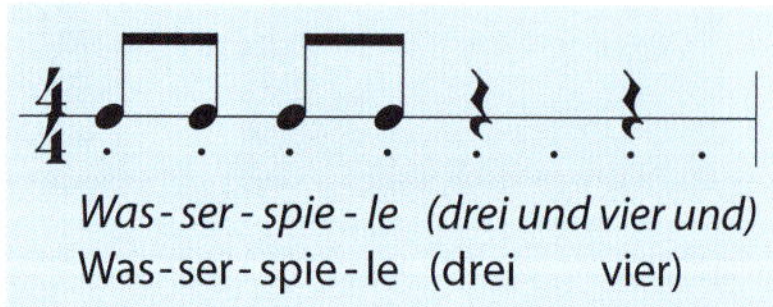

Rhythmusfeld 4

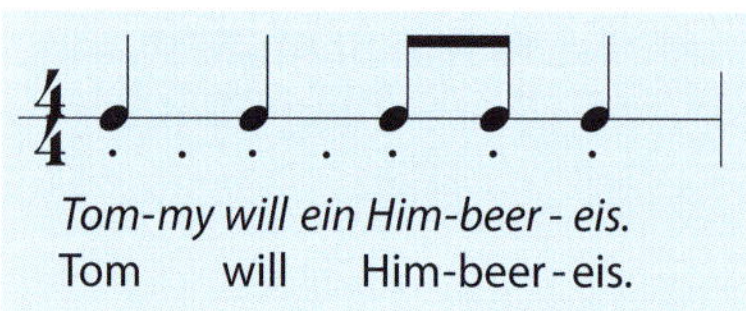

Rhythmusfeld 5

Rhythmusfeld 6

Rhythmusfeld 7

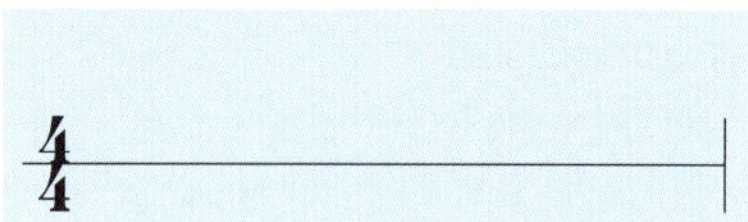

Rhythmusfeld 8

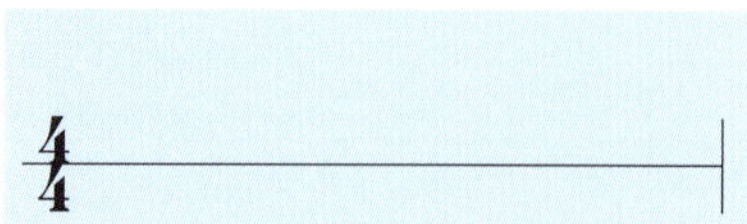

Rhythmusfeld 9

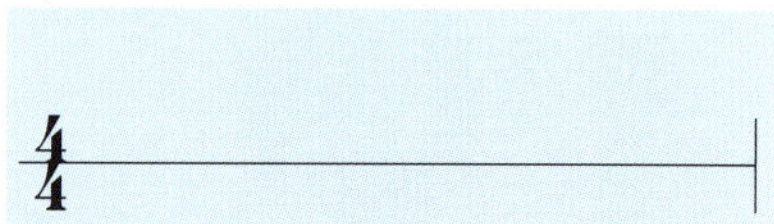

▸ Über einem gleich bleibenden Metrum (Metronom, Trommel) spielt jeder als Solistin/Solist eines von ihren/seinen eigenen Rhythmusfeldern. Danach klatschen alle gemeinsam ein vorgegebenes Rhythmusfeld (1–6). Benützt auch Rhythmusinstrumente!

Punktierte Noten

Der Punkt hinter einer Note verlängert diese um die Hälfte ihres Werts.

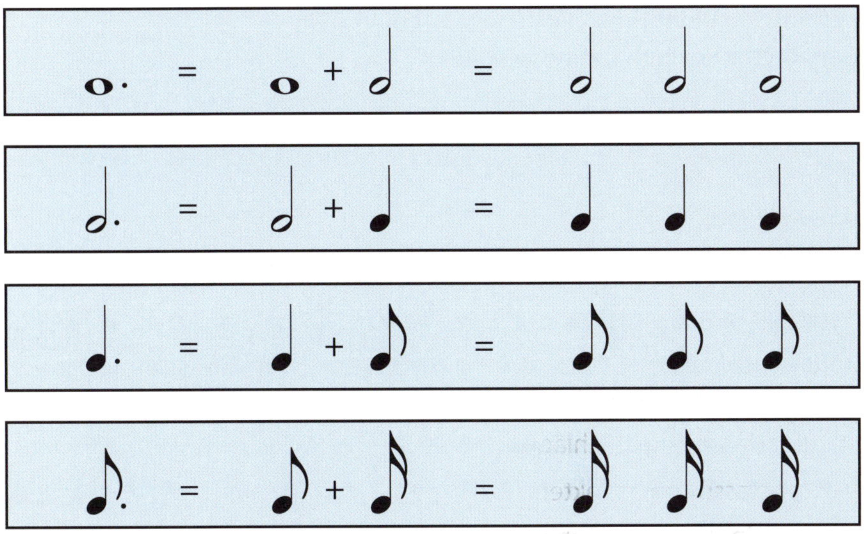

Merktext für die punktierte Viertelnote

Zeile 1

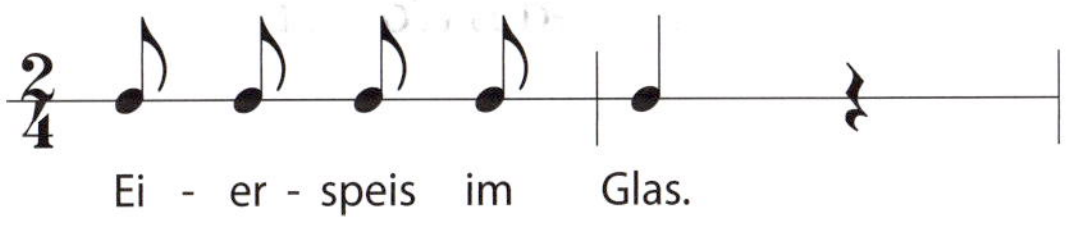

Zeile 2

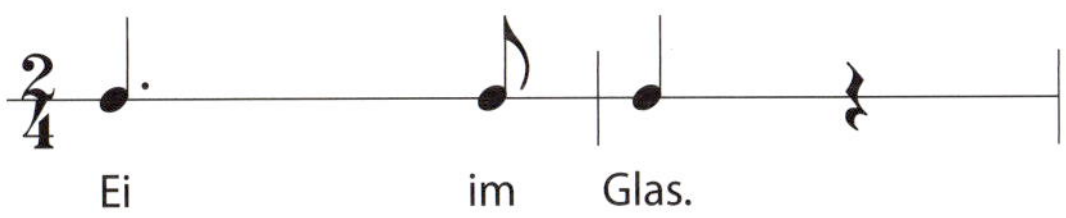

- Sprecht beide Zeilen im Rhythmus!

  Zeile 1: Ei-er-speis im Glas.

  Zeile 2: Wenn ihr im ersten Takt die Anfangssilbe Ei- laut sprecht und die Silben -er-speis nur denkt, dann kommt ihr zum punktierten Rhythmus: Ei(-er-speis) im Glas.

EI-SPRECHKANON

Gerhard Wanker

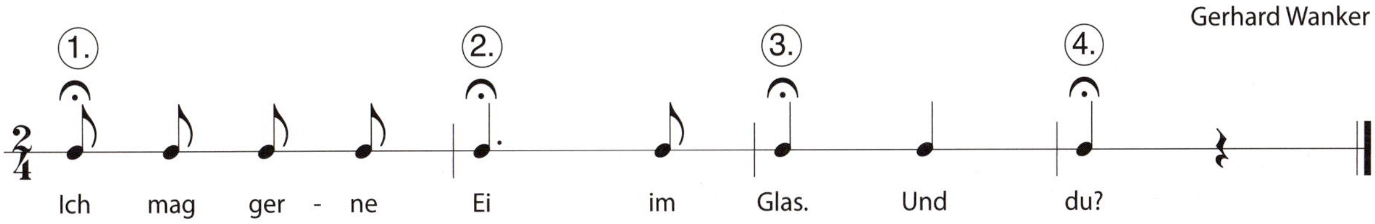

Go on rhythm

A51

Th. Wanker, *Go on rhythm 1*

Bei *Go on rhythm 1* hört ihr eintaktige Rhythmen, die ihr wiederholen sollt. Spielt/sprecht die eintaktigen Rhythmen zum Tonbeispiel A51:

- nach dem Gehör
- mit dem Notenbild

Go on rhythm 1 (2 Takte Metrumvorgabe)

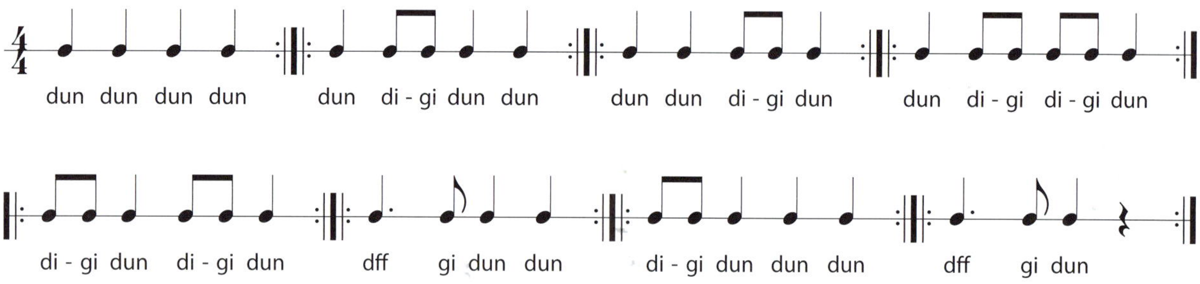

A52

Go on rhythm 2

Bei *Go on rhythm 2* hört ihr 14 Abschnitte mit zweitaktigen bekannten Melodien, die jeweils wiederholt werden. Merkt euch die Melodie! Singt bei der Wiederholung die Melodie auf Singsilben und klatscht/klopft den Melodierhythmus dazu! Den ersten Abschnitt könnt ihr am Notenbild verfolgen, die weiteren Abschnitte erfasst durch das Gehör!

Go on rhythm 2

Lernspiel Rhythmus-Baukasten

Quiz-Box 14

- Wie nennt man die Gruppierung von Notenwerten zu einer Einheit?
- Wodurch werden Takte voneinander getrennt?
- Wie viele Achtelnoten passen in einen 4/4-Takt?

Quiz-Box 15

- Wie bezeichnet man überlieferte Lieder, die zumeist eng mit dem Brauchtum verbunden sind?
- Was versteht man unter dem Begriff „Gstanzl"?

Quiz-Box 16

- Wie nennt man die Gliederung in lange und kurze Tondauern/Pausen?
- Wie heißt die um die Hälfte ihres Werts verlängerte Note?

◆ Mehr Fragen im MUSIKQUIZ

Rhythmus-Tor

Vorübungen

Lehrerin/Lehrer oder Schülerin/Schüler klatscht einzelne Felder vor – Schülerinnen/Schüler klatschen nach. Zuerst nach dem Gehör, dann mit Notenbild.
Die sechs Felder des Rhythmus-Tors werden sechs Gruppen zugeordnet. Lehrerin/Lehrer oder Schülerin/Schüler zeigt eine von ihr/ihm gewählte Reihenfolge der Felder an. Die betreffenden Gruppen klatschen. Felder können auch wiederholt werden. Um die Flüssigkeit des Ablaufs zu erleichtern, kann ein Feld immer von allen geklatscht/geklopft werden, bevor wieder ein neues Feld angezeigt wird, z. B. A1, B2, A1, C2, A1 usw.

Elfmeterschießen

Die Klasse wird in zwei Mannschaften (rot/blau) geteilt. Jedes Mitglied einer Mannschaft bekommt eine Nummer (1, 2, 3, 4 usw.). Jede Mannschaft „schießt" auf das Tor. „Schießen" heißt: Die Nummer 1 der roten Mannschaft klatscht ein beliebiges Feld aus dem Tor. Die Nummer 1 der blauen Mannschaft muss nun das geklatschte Feld erkennen (= 1 Punkt) und nachklatschen (= 1 Punkt). Falls die Nummer 1 der blauen Mannschaft eine der beiden Aufgaben (Feld erkennen/nachklatschen) nicht erfüllen kann, fällt der Punkt der roten Mannschaft zu. Wenn beide Aufgaben nicht erfüllt werden, gehen beide Punkte an die rote Mannschaft. Jene Mannschaft, die am Schluss mehr Punkte hat, ist Sieger.
Erfindet andere Spielregeln für das „Rhythmus-Tor"!

BLUMENMENÜ

A53

Playback zu *Blumenmenü*

Einrichtung: Gerhard Wanker

A

B

Gestaltungsvorschlag

Teil A: Der Einsatz der acht Stimmen kann frei gestaltet werden. Zwei bis drei Notenzeilen können auch miteinander verbunden und von einer Singgruppe ausgeführt werden.

Teil B: Andere Blumennamen werden in gerappter Form gestaltet: z. B. Leberblümchen, Veilchen, Schlüsselblumen, Tulpen, Lungenkraut, Schneeglöckchen, Huflattich, Gänseblümchen, Margerite, Weidenkätzchen, Glockenblume, Königskerze.

Ablauf des Playbacks

Intro (2 T.) |: 4x A (4x 2 T.) *Fine* Überl. (2 T.) B (4 T.) :|

Lautschulung für den Vokal „U“ 17

Bei der Aussprache des Vokals „U“ sind die Lippen noch weiter vorgezogen als beim „O“ und bilden eine kleine kreisförmige Öffnung. Die Zahnreihen sind geöffnet, die Zungenspitze liegt an den unteren Schneidezähnen, der Zungenrücken ist gewölbt, der Unterkiefer schiebt sich ein wenig nach oben.

U-Training A54

- Versucht jedes Wort, das im Tonbeispiel vorgesprochen wird, richtig nachzusprechen!

langes „U“	**kurzes „U“**
Bube	Puppe
Buch	Bucht
Dur	Durst
Fuß	Fuchs
Flut	Fluss
Huhn	Hund
Mut	Mund
Ruhm	Rum
Schuh	Schuss
Stube	Stulpe
Tube	Tulpe
Wut	Wunsch
Zug	Zucker

Playback zu *U-Reim* A55

- Sprecht den *U-Reim* zum Playback und führt dabei das lang und das kurz gesprochene „U“ richtig aus!

U-REIM

Text: Gerd Linke

18 Wir experimentieren mit unserer Stimme

◆ Im Vergnügungspark

Wir befinden uns in einem Vergnügungspark und wollen die Situation an zwei Stationen mit der Stimme gestalten.

Station 1: Achterbahn

Achte auf Geräusche der Bahn, Ausrufe der Mitfahrenden usw.!
Trag akustische Merkhilfen (z. B. rr-t-rr-t am Anfang) in die Verlaufsbahn ein! Fahr dann deine „akustische" Achterbahn ab!

Station 2: Geisterbahn

Schreib in die Wortblasen Wörter und Laute, die man während einer Geisterbahnfahrt hören kann!
Fahr auch die Geisterbahn „akustisch" ab!

In der Klangstraße

Vorübung

Versucht, die angegebenen Wortklänge in den Häusern A, B, C nach den Anweisungen musikalisch umzusetzen!

Wir komponieren eigene Klangstraßen

Trag in die Häuser 1–6 Sprechklänge ein! Du kannst dabei die Klänge, die du bei der „Achterbahn" und „Geisterbahn" verwendet hast, benutzen oder neue erfinden. Achte schon bei der Zusammenstellung der Klangstraße auf musikalische Abwechslung! Das erzeugt Spannung. Setz deine Klangstraße allein, zu zweit, in einer Gruppe oder mit der ganzen Klasse musikalisch um!

Die Stimme in Neuer Musik

Der US-amerikanische Komponist **John Cage** (1912–1992 / 79 J.) hat die menschliche Stimme in seiner Komposition *Aria* auf vielfältige Weise verwendet.

A56

J. Cage, *Aria* (Ausschnitt)

J. Cage, *Aria* (Ausschnitt)

Text und Musik: John Cage

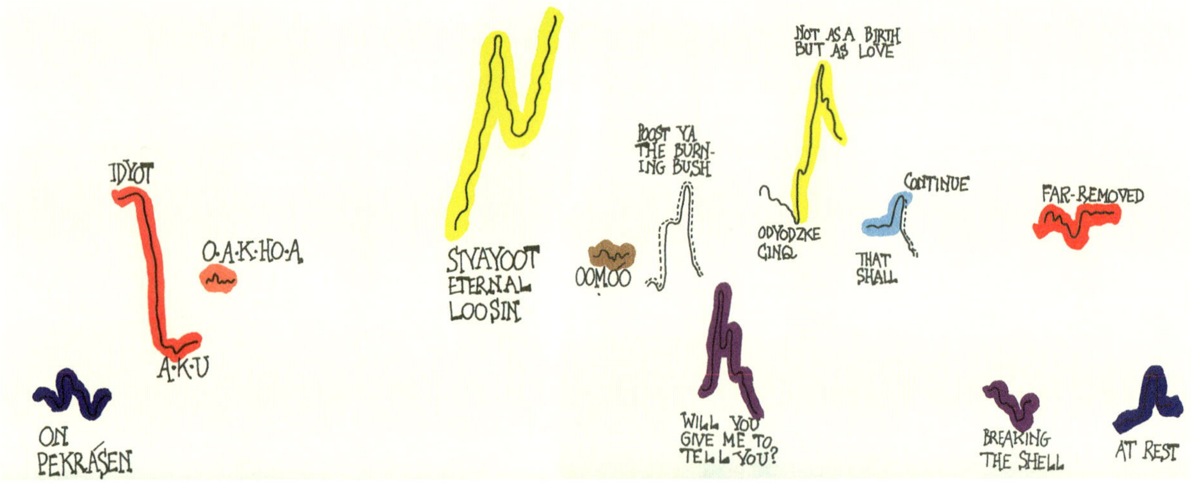

Hinweise zum Notenbild

1. Schwarze Linien zeigen die Singstimme, strichlierte Linien die Sprechstimme an.
2. Die Farben stehen für einen bestimmten Gesangsstil/Stimmgebrauch:
   - dunkelblau: Jazz
   - rot: Kontra-Alt (sehr tiefe Frauenstimme)
   - violett: im Stil von Marlene Dietrich (deutsch-amerikanische Sängerin und Schauspielerin, 1901–1992 / 90 J.)
   - gelb: Koloraturen (Verzierungen der Singstimme)
   - orange: orientalisch
   - hellblau: wie ein Baby
   - braun: nasal
3. Im Text kommen Wörter oder Wortteile in mehreren Sprachen vor.

▸ Verfolg beim Hören des Tonbeispiels die grafische Notation!

Quiz-Box 18

- Wie heißt der US-amerikanische Komponist, der in seiner Komposition *Aria* die menschliche Stimme auf vielfältige Weise verwendet hat?

◆ Mehr Fragen im MUSIKQUIZ

Wenn mehrere Stimmen, die beim Singen/Spielen gleichzeitig erklingen sollen,

untereinander
aufgeschrieben
sind,
nennt
man
dies **Partitur.**

VITAMIN-RAP

Gerhard Wanker, Bernhard Gritsch, Maria Schausberger
nach Georg Lenger

▶ Sprecht die einzelnen Stimmen hintereinander oder gleichzeitig in verschiedenen Lautstärken und Tonhöhen! Ihr könnt den Sprechrhythmus auch auf Orff-Instrumente übertragen.

W. A. Mozart, *Eine kleine Nachtmusik*, 1. Satz – Beginn

A57

▶ Orientiere dich beim Hören des Beginns von Tonbeispiel A57 an der Partitur! Du hörst den Partiturausschnitt viermal. Lies bei jeder Stimme einmal mit!

Multimediale Hörpartitur

JE JE JE

A58

Playback zu *Je je je*

Traditional aus Ghana

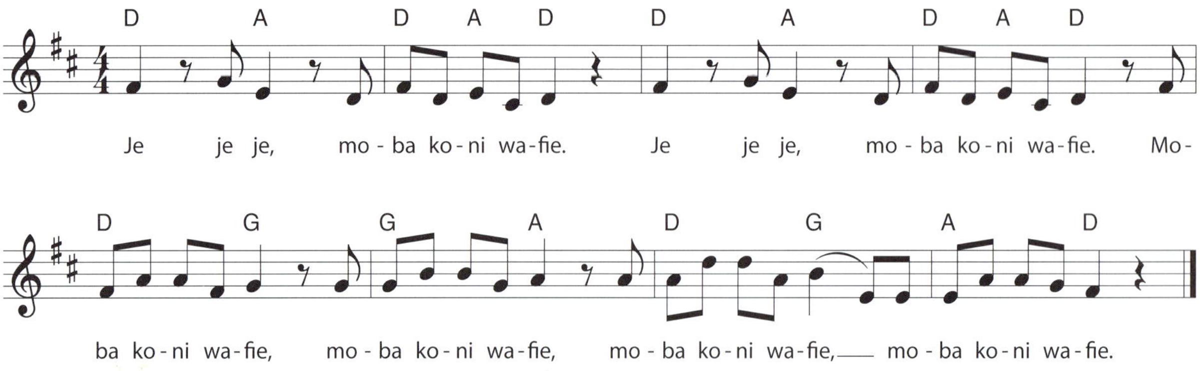

Die folgenden Ostinati sind in Partiturform notiert.

Ostinato 1

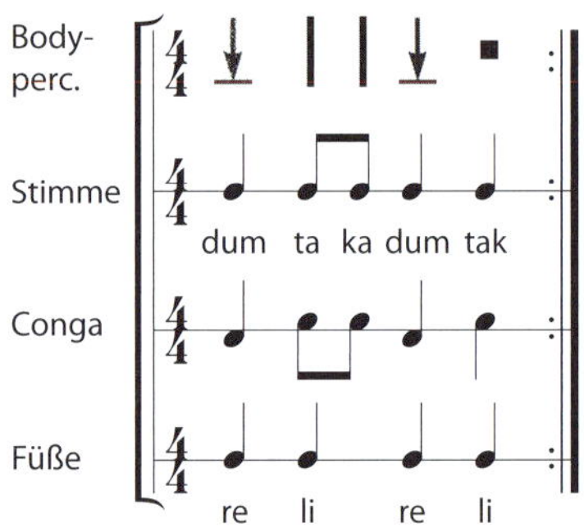

Ostinato 2

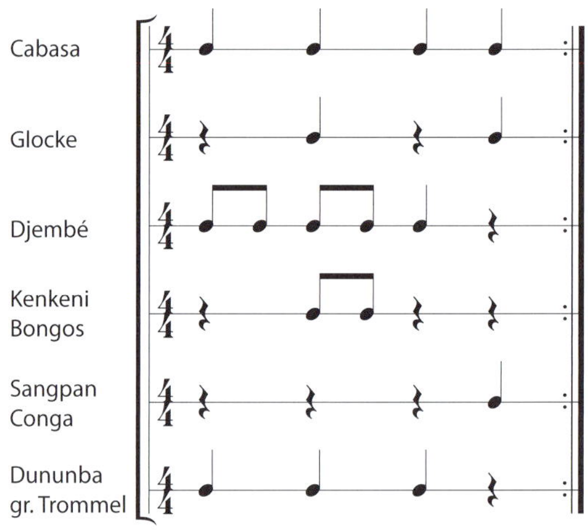

Übersetzung
Komm, lass uns spielen.

Aussprache
w in wafie = wie in engl. well
fie in wafie = fje

Die abgebildeten Perkussionsinstrumente (Rhythmusinstrumente) werden in der westafrikanischen Musik verwendet:

Dununba

Sangpan (groß), Kenkeni (klein)

Glocke

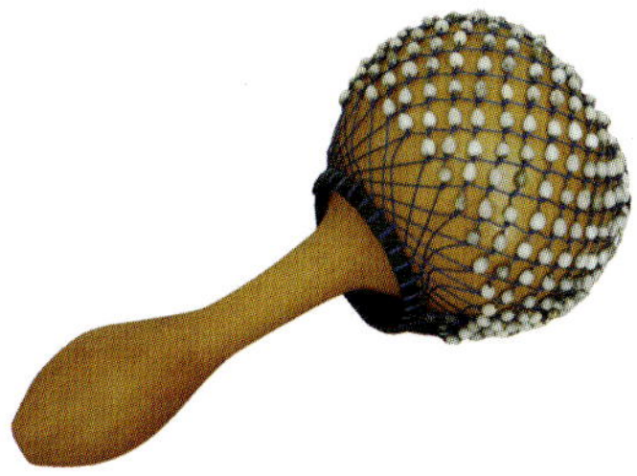
Cabasa

Djembé

Stellt selbst Instrumente für die Ausführung der rhythmischen Begleitung zum Lied *Je je je* her! Nehmt Materialien aus der Umwelt und aus dem täglichen Leben und versucht, damit ähnliche Klänge zu erzielen, wie mit den oben vorgegebenen Rhythmusinstrumenten! Z. B.:

Nudel- und Drehverschluss-Rassel

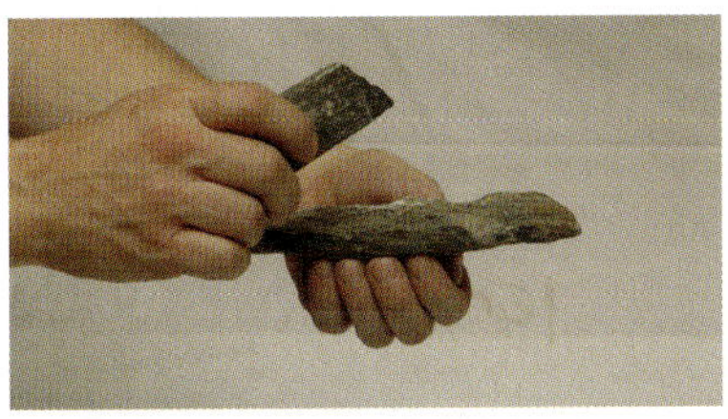
Klangsteine

Flaschen-Shaker

Abflussrohr-Bongos

Feder-Schrapper

Muschel-Claves

Quiz-Box 19

- Wenn alle Stimmen, die bei einem Musikstück gleichzeitig erklingen, untereinander aufgeschrieben sind, nennt man dies …
- Aus wie vielen Stimmen besteht die Partitur der Serenade *Eine kleine Nachtmusik* von W. A. Mozart?
- Wie nennt man Perkussionsinstrumente noch?
- Für welchen Kontinent ist die Djembé ein typisches Instrument?

◆ **Mehr Fragen im MUSIKQUIZ**

20 Intervalle

Unter **Intervall** versteht man den Abstand von zwei Tönen. Die Namen der Intervalle kommen aus der lateinischen Sprache. Vergleich z. B.: primus – der Erste (Klassenprimus), quintus – der Fünfte (Quintett).

Tabelle der wichtigsten Intervalle

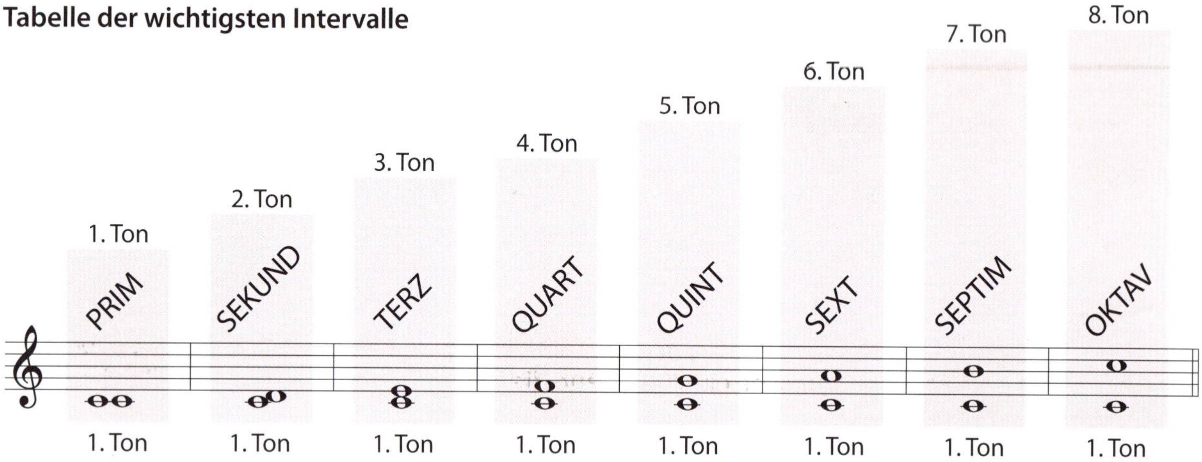

- Versucht, die Intervalle zu singen oder mit Instrumenten zu spielen (die beiden Töne können gleichzeitig oder nacheinander erklingen)!
- In zwei Gruppen:
  Eine Gruppe singt immer den gleichen Grundton (c^1), während die andere von der Prim (c^1) bis zur Oktav (c^2) steigt oder von der Oktav bis zur Prim fällt. Verwendet dabei gut singbare Silben!
  Für die Oberstimme können auch die Namen der Intervalle verwendet werden. (Rollentausch!)

INTERVALL-SONG

A59

Playback zu *Intervall-Song*

Text und Musik: Ines Reiger, Gerhard Wanker
© Helbling

Intervall-Zeile

Bestimme die folgenden 14 Intervalle und schreib sie richtig auf!
Die ersten zwei Intervalle sind vorgegeben.

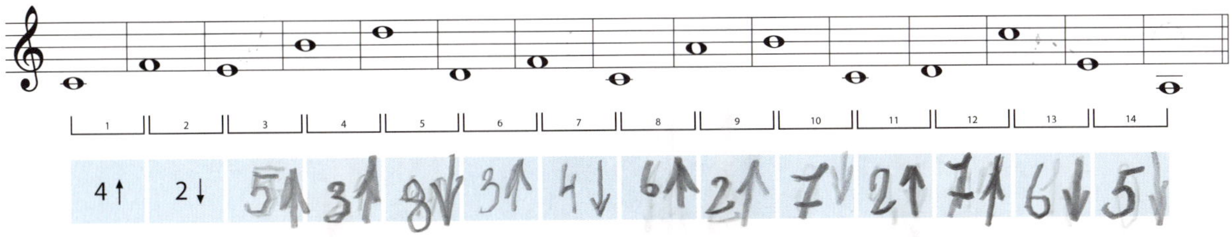

Playback zu *Intervall-Zeile*

A60

Beim Tonbeispiel A60 wird jedes Intervall der Intervallzeile viermal gespielt. Hört die ersten beiden Male zu und prägt euch die Tonfolge ein! Singt dann die letzten beiden Male das jeweilige Intervall auf einer beliebigen Singsilbe (z. B. no, du, mi, ...) mit!

Intervall-Ring

Schreib in die leeren Ringsegmente die richtigen Noten!
Wie heißt der letzte Ton?
Welches Intervall wird aus dem letzten und dem ersten Ton gebildet?

Intervall-Spiel

Bestimme zuerst das Intervall auf jeder Karte und stell dann die Kartenpaare mit gleichen Intervallen zusammen!

Z. B. Kartenpaar für Sext 17/18:

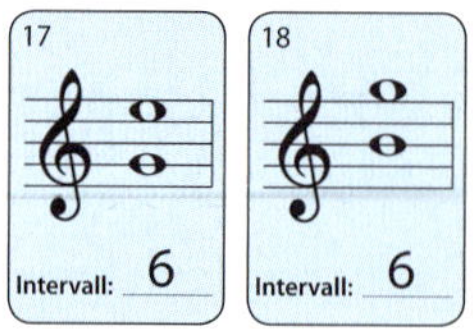

Kartenpaare für: **Prim** 4 14 **Sekund** 2 16 **Terz** 1 13 **Quart** 7 10

Quint 3 12 **Sext** 5 11 **Septim** 8 9 **Oktav** 6 15

Lernspiel Intervall-Memory

Quiz-Box 20

- Wie nennt man den Abstand zwischen zwei Tönen?
- Das Intervall c¹–a¹ ist eine …
- Der Abstand vom Grundton zur 5. Tonstufe heißt …
- Wie nennt man ein Intervall mit dem Abstand von drei Tönen?
- Welches Intervall ist das nächstgrößere nach der Sext?
- Wie nennt man das Intervall zwischen zwei Noten, die auf gleicher Tonhöhe liegen?

◆ Mehr Fragen im MUSIKQUIZ

Versetzungszeichen

Versetzungszeichen verändern die Tonhöhe.

	Änderung der Tonhöhe	An den Namen der Stammnote wird folgende Silbe angehängt
♯ = **Kreuz**	↑ einen Halbton erhöht	- is
♭ = **Be**	↓ einen Halbton erniedrigt	- es Ausnahmen: h-es = b a-es = as e-es = es
♮ = **Auflösungszeichen**	♯ oder ♭ wird aufgehoben	

▶ Orientiere dich an der Klaviatur!

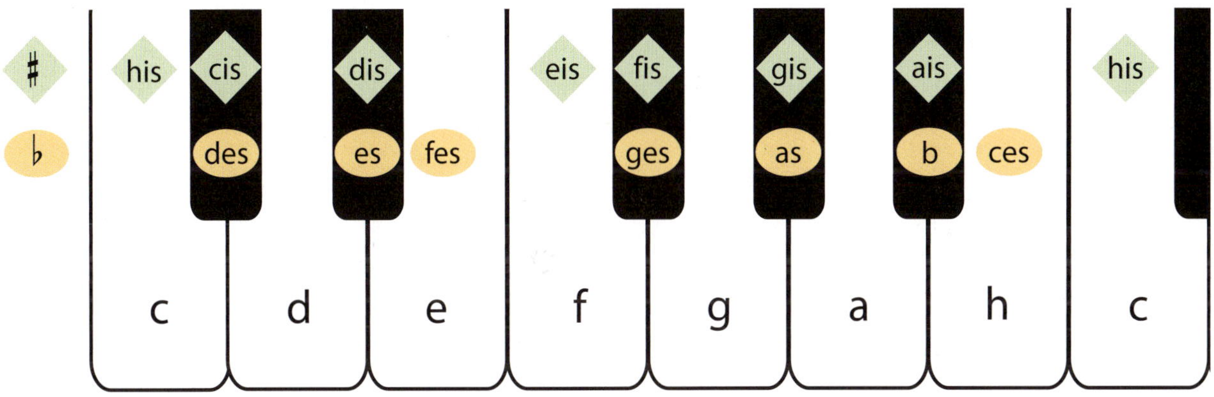

◆ Verschlüsselte Informationen

Im folgenden Satz sind Notennamen mit Versetzungszeichen versteckt. Sie sind mit einem Kreis gekennzeichnet:

▶ Such die im folgenden Satz versteckten Notennamen mit Versetzungszeichen! Kreise sie ein und übertrag sie in der eingestrichenen Oktav in die Notenzeile! Orientiere dich am obigen Beispiel!

Sigismund fällt auf vereisten Fis-Abfahrten oft auf die Nase.

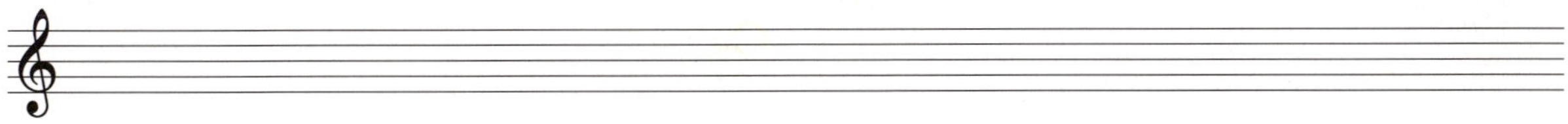

- Lies die Geschichte *Martins Alptraum* und kennzeichne im Text die versteckten Notennamen mit Versetzungszeichen mit einem Kreis!

Martins Alptraum

Es war knapp vor Mitternacht im Schloss des Grafen Theodor von Cisleithanien. Eisige Kälte lag über dem Schlosshof: Plötzlich wird Gisela, die Frau Theodors, von lautem Geschrei aus dem Schlaf gerissen. Sie eilt zum Fenster, lugt vorsichtig hinaus und glaubt ihren Augen nicht zu trauen: Schottische Monsterhasen fesseln auf dem Schlosshof ihren Kammerdiener und schleudern faule Maiskolben und stinkende Fische gegen ihn. Sie ruft verzweifelt den Tieren in sehr schlechtem Englisch zu: „But his is a friend of animals." Da zuckte Martin auf und sah mit Erleichterung auf der Leinwand: Produziert von der Walt Disney Corporation.

- Übertrag die im Text gefundenen, versteckten Notennamen mit Versetzungszeichen in der Reihenfolge ihres Vorkommens in die Notenzeile!

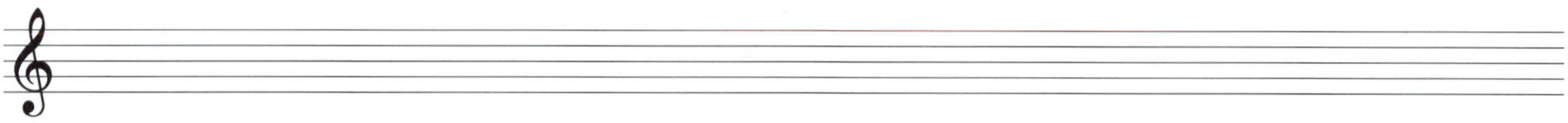

- Schreib selber einen Satz oder eine Geschichte, worin versteckte Notennamen mit Versetzungszeichen enthalten sind!

Lernspiel Look & click – Notennamen mit Versetzungszeichen

Dur-Tonleitern mit Versetzungszeichen

Wenn du eine Dur-Tonleiter auf einem anderen Ton als c bauen willst, brauchst du Versetzungszeichen, damit die Abstände zwischen den Tönen dem Aufbau einer Dur-Tonleiter entsprechen. Du erinnerst dich: Der Abstand zwischen der 3. und 4. sowie 7. und 8. Stufe beträgt einen Halbtonschritt, zwischen den übrigen einen Ganztonschritt.

G-Dur-Tonleiter

In der G-Dur-Tonleiter wird das f durch ein Kreuz ♯ zum fis erhöht.

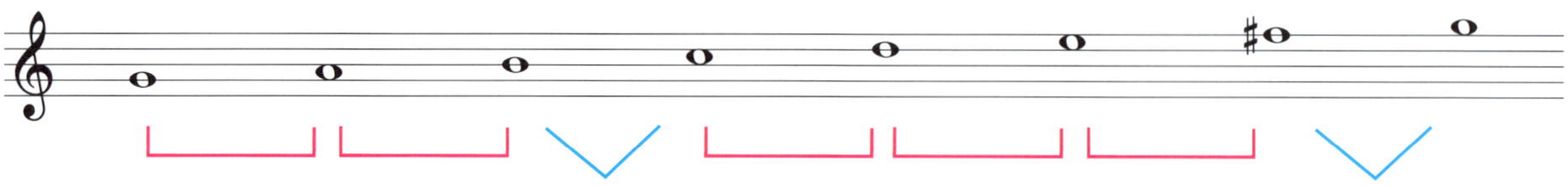

F-Dur-Tonleiter

In der F-Dur-Tonleiter wird das h durch ein Be ♭ zum b erniedrigt.

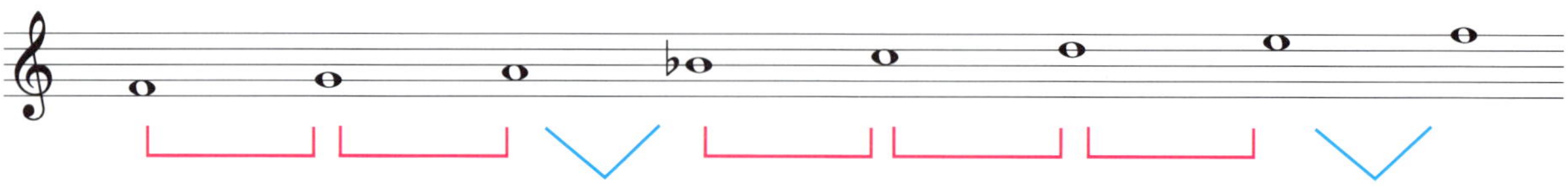

Wenn Versetzungszeichen am Beginn einer Notenzeile stehen, nennt man sie **Vorzeichen**.

Das folgende Lied ist in F-Dur notiert.
Das ♭ am Anfang der Notenzeile zeigt an, dass alle h zu b werden.

LIED VOM MÜLL

Playback zu *Lied vom Müll*

A61

Text: James Krüss · Musik: Gerhard Wanker

2. Was wird aus einem Kleide, wenn's nicht mehr passen will?
𝄆 Dann wird aus einem Sonntagskleid Müll, Müll, Müll! 𝄇
3. Was wird aus einem Glase, zerbrach einmal sein Stiel?
𝄆 Dann wird aus einem feinen Glas Müll, Müll, Müll! 𝄇
4. Was wird aus alten Stiefeln, wenn's warm wird im April?
𝄆 Dann wird vielleicht der Erdenball Müll, Müll, Müll! 𝄇

- *Wir singen folgende Übung und machen in den Pausen eine wegwerfende Handbewegung. Die Handbewegung hilft uns, dass wir in den Pausen abspannen, aber nicht atmen. Wir sprechen die Endlaute sehr deutlich aus:*

▶ Diskutiert über die Probleme, die im Text des Lieds angesprochen werden!

B-Dur-Tonleiter

▶ Schreib die B-Dur-Tonleiter mit den richtigen Versetzungszeichen!

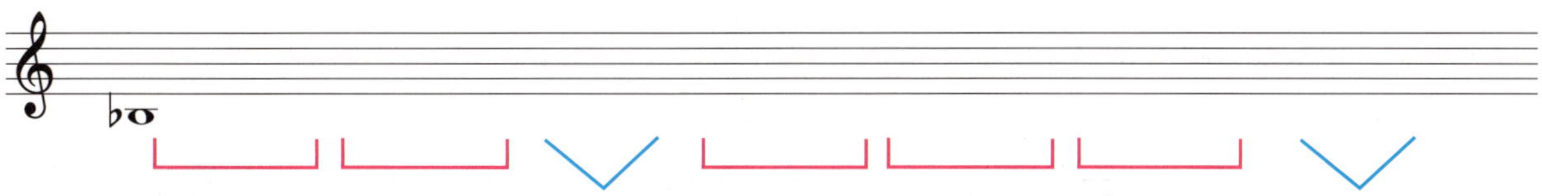

Kreuze die richtigen Vorzeichen von B-Dur an:

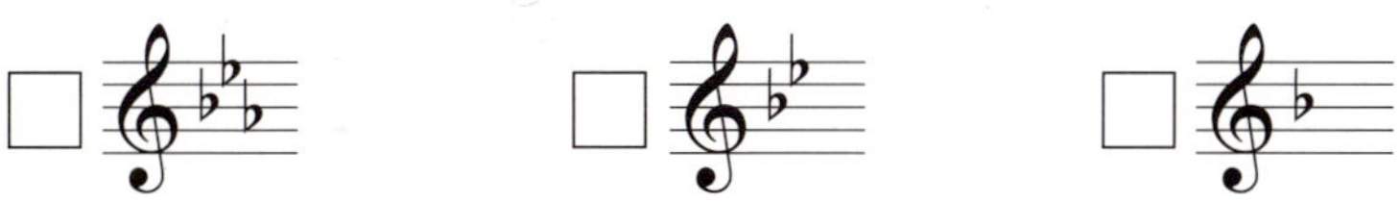

D-Dur-Tonleiter

Schreib die D-Dur-Tonleiter mit den richtigen Versetzungszeichen!

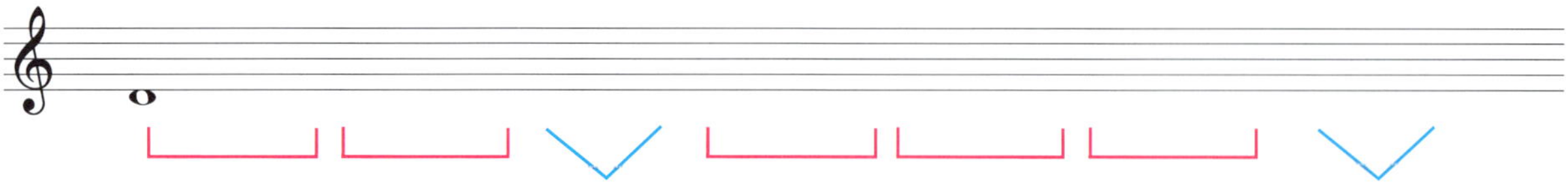

In D-Dur benötigt man die Versetzungszeichen:

OH, SUSANNA

A62

Playback zu *Oh, Susanna*

Text und Musik: Stephen C. Foster

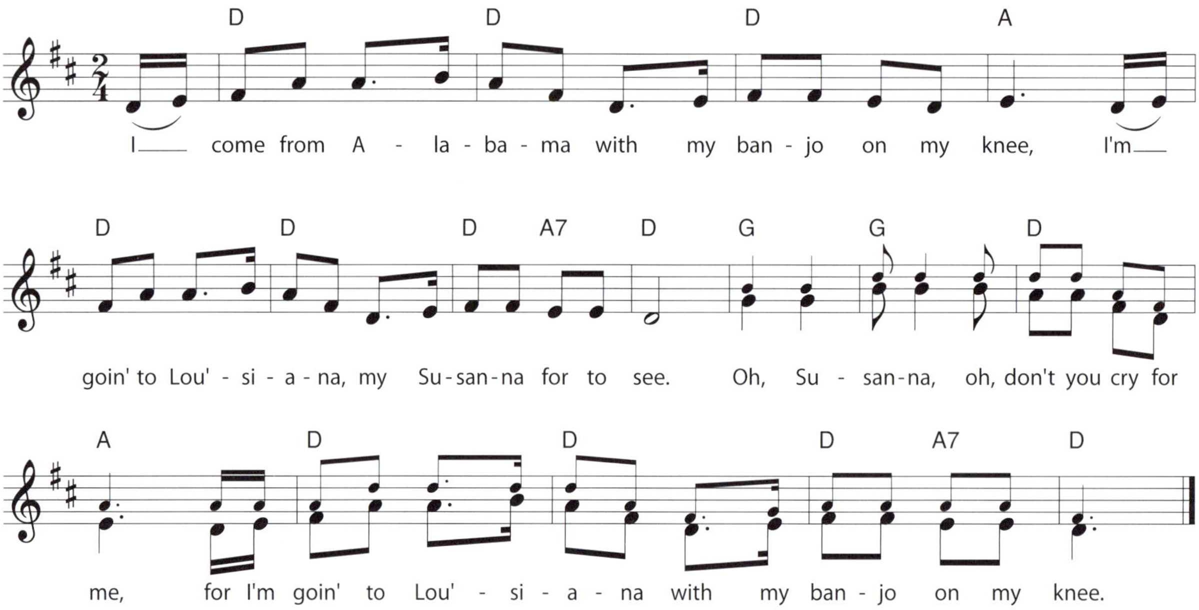

2. It rained all night the day I left, the weather it was dry.
The sun so hot I froze to death, Susanna don't you cry.
Oh, Susanna ...
3. I had a dream the other night, when ev'rything was still.
I thought I saw Susanna dear acoming down the hill.
Oh, Susanna ...
4. The buckwheat cake was in her mouth, the tear was in her eye,
I said, I'm coming from the south, Susanna don't you cry.
Oh, Susanna ...
5. I soon will be in New Orleans, and then I'll look around.
And when I find Susanna there, I'll fall upon the ground.
Oh, Susanna ...
6. But if I do not find her then, I'm surely bound to die.
And when I'm dead and buried, oh, Susanna, don't you cry.
Oh, Susanna ...

5-saitiges Banjo

- *Wir lockern unsere Sprechwerkzeuge, indem wir die Silben der Einleitung langsam, dann immer schneller sprechen.*
- *Wir ahmen in der Einleitung/im Zwischenspiel/im Nachspiel die Fiddle mit der Stimme nach:*

Einleitung/Zwischenspiel/Nachspiel

Das Lied wurde im Jahr 1847 für eine Show geschrieben. Es ist typisch für die amerikanische **Country Music**. Kennzeichnende Instrumente sind das Banjo und die Fiddle (Violine).

Tanzbeschreibung zu *Oh, Susanna*

Ausgangsstellung
Paare im Frontkreis, B links vom M, Arme hängen locker herab, Hände sind gefasst

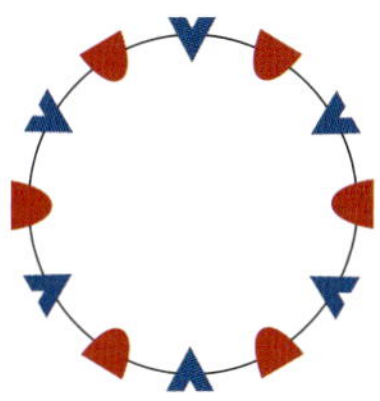

Bild 1

Strophe
- 4 Schritte in den Kreis (pro Viertel ein Schritt), li beginnen
- 4 Schritte zurück in die Ausgangsposition, li beginnen
- 4 Schritte in den Kreis
- 4 Schritte zurück in die Ausgangsposition (Bild 1)

Refrain
Kette: Paare drehen sich zueinander, Partnerinnen/Partner reichen sich die re Hand, gehen rechtsschultrig aneinander vorbei zur/zum nächsten, reichen der/dem die li Hand, gehen linksschultrig aneinander vorbei … (Bild 2)

Zwischenspiel
bei einer Partnerin/einem Partner einhängen und auf der Kreisbahn in Tanzrichtung vorwärts hüpfen (Bild 3)

Bild 2

Bild 3

Quiz-Box 21

- Durch ein Kreuz-Versetzungszeichen wird eine Note einen …
- Durch ein Be-Versetzungszeichen wird eine Note einen …
- Welches Zeichen hebt ein Versetzungszeichen auf?
- Wie heißt die schwarze Taste zwischen den Tönen f und g auf dem Klavier? Nenne zwei Möglichkeiten!
- Wie heißt die Dur-Tonleiter mit einem Kreuz-Vorzeichen?
- Welche Dur-Tonart hat b und es als Vorzeichen?

◆ **Mehr Fragen im MUSIKQUIZ**

22 Dreiteilige Formen

Viele Lieder und Instrumentalstücke bestehen aus drei Teilen.

Die Form ist meist **A** **B** **A** oder **A** **B** **C**

Die Form A–B–A heißt **dreiteilige Liedform**.

ROCK MY SOUL

B1

Playback zu *Rock my soul*

Negro Spiritual

- *Wir singen die Tonfolge:*

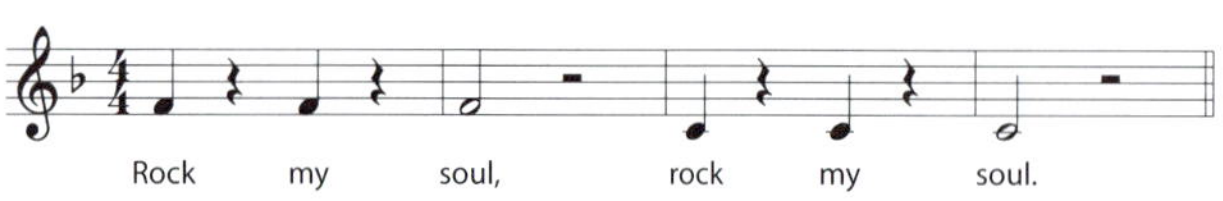

Wir versuchen, nach jedem Wort abzuspannen, aber nicht nachzuatmen. Wir haken unsere Zeigefinger in Brusthöhe ineinander, heben die Ellbogen, ziehen, wenn wir singen, lösen die Spannung in der Pause (2. und 4. Viertel).

▶ Welche Form hat der Kanon *Rock my soul*? Trag die richtigen Buchstaben in die Formkästchen ein!

Begleitung für Boomwhackers zu *Rock my soul*

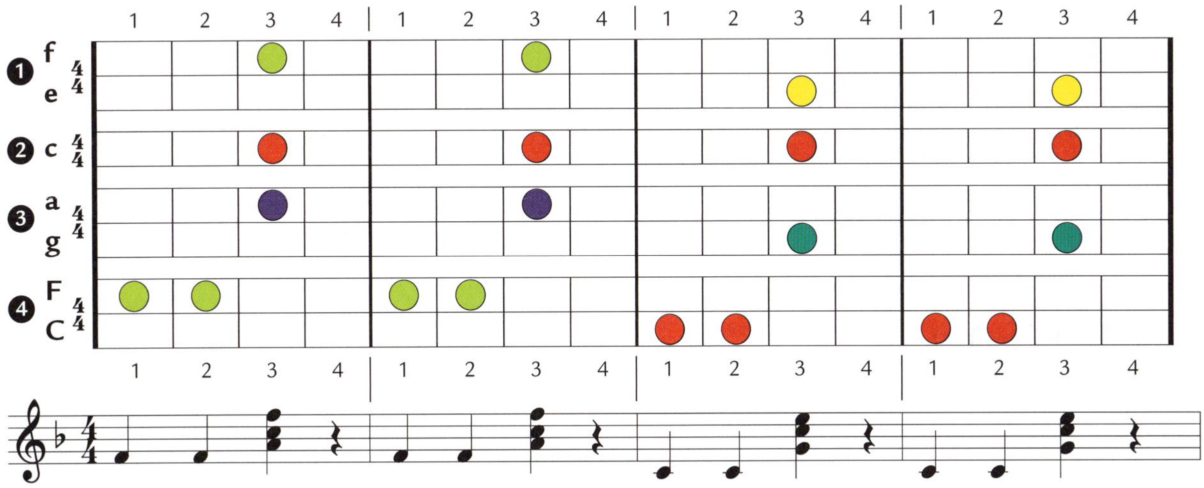

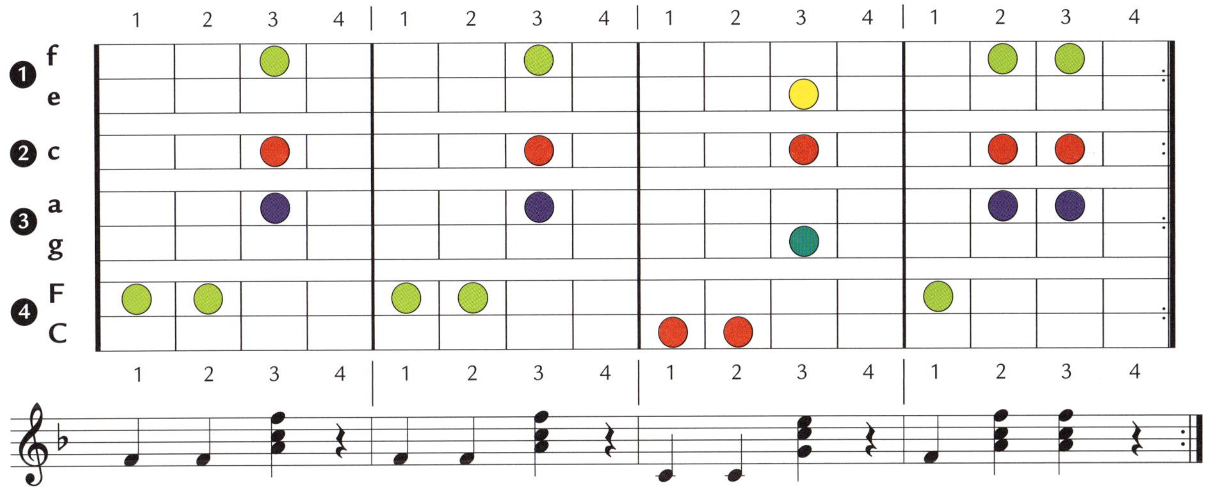

Johann Sebastian Bach

Ich wurde im Jahr 1685 in Eisenach/Deutschland geboren und stamme aus einer Familie, in der es schon seit Generationen viele Musiker gegeben hatte.

Ich war zweimal verheiratet und hatte 20 Kinder. Vier meiner Söhne wurden auch als Musiker berühmt.

In Leipzig war ich 27 Jahre als Thomaskantor angestellt. Berühmt wurde ich nicht nur als Komponist, sondern auch als Orgel- und Klavierspieler.

Ich starb erblindet mit 65 Jahren.

Johann Sebastian Bach

Frage an Bach: „Können Sie uns etwas über das folgende Musikstück sagen?“

Antwort: „Das folgende Stück habe ich für meine zweite Frau Anna Magdalena komponiert. Es ist für Klavier, heißt *Musette* und hat den Namen von der französischen Sonderform des Dudelsacks. Ein besonderes Merkmal sind die liegenden Basstöne. Ich glaube, die Form werdet ihr beim Hören des Stücks selbst erkennen.“

B2

J. S. Bach, *Musette* (ohne Wiederholungen)

1. Teil

2. Teil

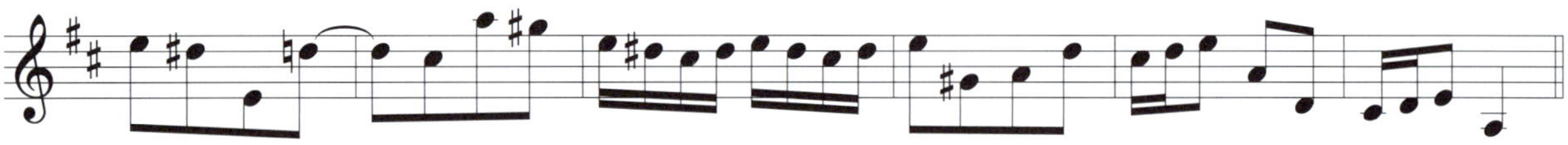

3. Teil

▶ Versuch, beim Hören die Form zu erkennen! Kreuze den richtigen Formvorschlag für die *Musette* an! Verfolg die Melodie im Notentext und überprüf deine Lösung!

☐ A B A oder ☐ A B C

B3

J. S. Bach, *Musette* (mit Wiederholungen)

▶ Hör das Tonbeispiel B3 und stell fest, in welcher Reihenfolge die einzelnen Teile gespielt werden! Ergänze den Formplan richtig! Beachte, dass die einzelnen Teile auch wiederholt werden können!

Formplan des Tonbeispiels B3: | 2 Takte Vorspiel | | | | | |

Spiel-mit-Satz zu *Musette*

▶ Spielt zum Tonbeispiel B3 nach dem erstellten Formplan!

Zu A : auf Melodieinstrumenten (z. B. Stabspiele, Flöten, Geigen usw.)

Zu B : auf Rhythmusinstrumenten (z. B. Claves, Holzblocktrommel, Handtrommel usw.)

Klavier

Zu Bachs Zeiten verstand man unter „Klavier" jede Art von Tasteninstrument. Das am meisten verwendete war damals das **Cembalo**, bei dem die Saiten angezupft werden. Erst später entstand das uns heute bekannte Klavier, dessen Saiten mit einem Hammer angeschlagen werden. Es wird als **Flügel** und **Pianino** gebaut. Das Pianino hat vertikal angeordnete Saiten.

Cembalo: Saiten angezupft

Flügel: Saiten angeschlagen, horizontal angeordnet

Pianino: Saiten angeschlagen, vertikal angeordnet

Quiz-Box 22

- Die Form eines Musikstücks mit dem Aufbau A–B–A oder A–B–C nennt man …
- Wie viele Kinder hatte Johann Sebastian Bach mit seinen zwei Ehefrauen?
- In welcher Stadt wirkte Johann Sebastian Bach 27 Jahre als Thomaskantor?
- Woher leitet sich der Begriff „Musette" ab?
- Bei welchem Tasteninstrument werden die Saiten angezupft?
- Wie nennt man ein Klavier mit vertikal angeordneten Saiten?

◆ Mehr Fragen im MUSIKQUIZ

ZAUBERLIED

Text: Ilona Bodden
Musik: Wolfgang Hauck

B4 Playback zu *Zauberlied*

2. Er tanzte mit dem Marabu im Kreis im heißen Sand,
da kam voll Zorn aus dem Gebüsch ein wilder Elefant.
Er sprach: „Mein lieber Elefant, komm, sei ein nettes Tier,
roll deinen Riesenrüssel auf und tanz im Kreis mit mir."
Ich lernte grad vom Zauberer ...

3. Sie tanzten quer durch Afrika und weiter noch. Wer weiß –
vielleicht begegnen sie auch dir, dann tanze mit im Kreis.
Und sing in ihrem Chore mit – inzwischen kannst du's auch –
du weißt: magongo baobab, so wie's bei ihnen Brauch.
Sie lernten grad vom Zauberer ...

- *Wir achten bei der folgenden Übung auf einen lockeren Unterkiefer:*

Begleitsatz für Stabspiele zu *Zauberlied*

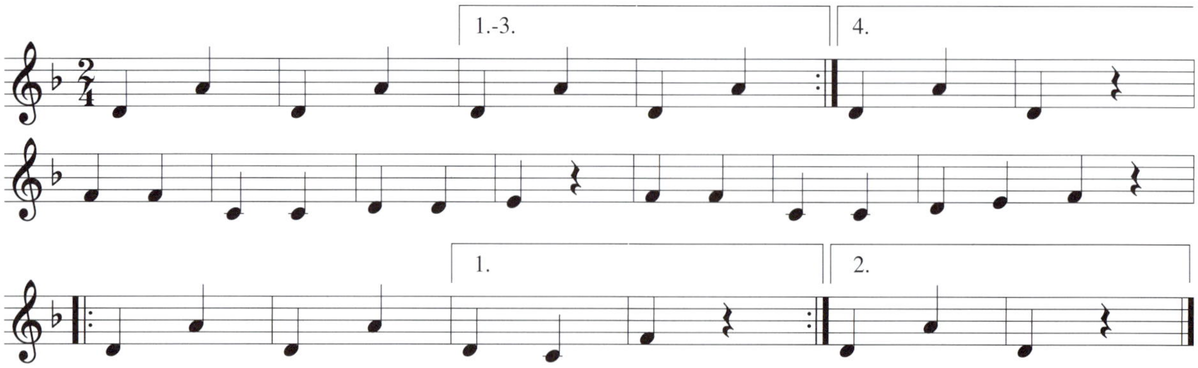

▶ Welche dreiteilige Form hat das Zauberlied? Überprüfe die Teile und trag die richtigen Buchstaben in die Formkästchen ein!

Führung durch ein Haydn-Museum

Versucht in mehreren Gruppen anhand des folgenden Text-, Bild- und Tonmaterials eine Führung durch ein Haydn-Museum zusammenzustellen:

- Teilt Stationen ein! Zwei oder mehrere Schülerinnen/Schüler planen jeweils eine Station. Ihr könnt auch noch zusätzliches Bild- und Informationsmaterial (Lexika, Fachbücher, Internet) verwenden.
- Spielt eine Führung durch! Eine/Einer spielt die Führerin/den Führer (abwechseln), die anderen hören aufmerksam zu.

Stammbaum der Familie Haydn: Woher – Wohin?

Mathias Haydn
(64 J.)
Wagnermeister und Dorfrichter

(29 J.) ⚭ (21 J.)
24. Nov. 1728

Anna Maria Koller
(47 J.)
Herrschaftliche Köchin

Anna Maria (51 J.)

J. Haydn mit 59 Jahren

Johann Michael
1737–1806 (69 J.)
Konzertmeister und Hoforganist des Fürsterzbischofs in Salzburg

Anna Maria II
(63 J.)

Anna Katharina
(22 J.)
Johann Kaspar
(Zwillinge)
(8 M.)

Johann Evangelist
(62 J.)

Weitere 6 Kinder starben im Kindesalter.

FRANZ JOSEPH HAYDN
1732–1809 (77 J.)

(28 J.) ⚭ (31 J.)
26. Nov. 1760

Maria Anna Keller
(71 J.)

Aus dieser Ehe stammen keine Nachkommen.

Wichtige Stationen im Leben Joseph Haydns

Joseph Haydn wird am 31. März 1732 in Rohrau in Niederösterreich geboren und am 1. April getauft.

Geburtshaus in Rohrau

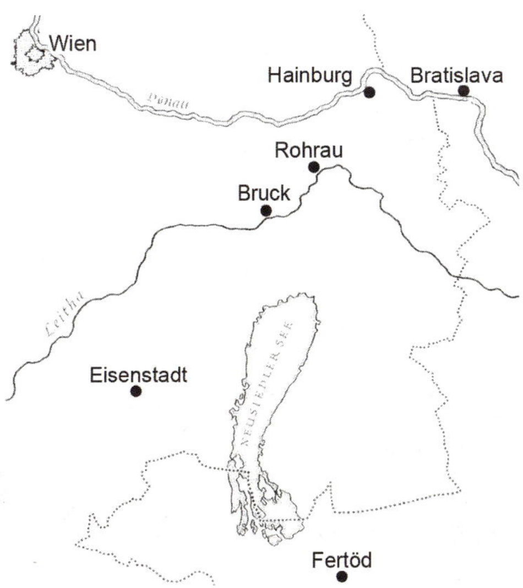

Mit 5 Jahren
bekommt er den ersten Schul- und Musikunterricht.

Bericht
„Joseph lernte bei seinem Lehrer alle damals üblichen Instrumente kennen und einige, seinem Alter gemäß, spielen. Seine angenehme Stimme war für ihn eine große Empfehlung. Sein Fleiß wurde gelobt."

Mit 8 Jahren
wird er in Wien als Chorknabe in St. Stephan aufgenommen. Erst mit 17 Jahren bekommt er den Stimmbruch und muss deshalb St. Stephan verlassen.

Stephansdom

Mit 24 Jahren
schreibt Haydn seine ersten Streichquartette.

Bei einem **Streichquartett** spielen: 1. Violine, 2. Violine, Viola und Violoncello

Kaiserquartett

Sehr berühmt ist das *Kaiserquartett*. Es wurde nach der ehemaligen österreichischen Kaiserhymne *Gott erhalte Franz, den Kaiser* benannt. Das Thema dieser Hymne erklingt in diesem Streichquartett. Heute wird die Melodie für die Hymne Deutschlands verwendet.

B5 J. Haydn, *Kaiserquartett*, 2. Satz – Thema

Autograph (Handschrift des Komponisten) der Kaiserhymne:

Textanfang: Gott erhalte Franz, den Kaiser, unsern guten Kaiser Franz …

Mit 28 Jahren
heiratet Haydn die Friseurstochter Anna Maria Keller im Wiener Stephansdom.

Schloss in Eisenstadt

Von 29 bis 58 Jahren
ist Haydn im Dienst der Fürsten Esterházy in Eisenstadt und auf Schloss Esterháza bei Fertöd (Ungarn). Er wird mit 34 Jahren Kapellmeister und schreibt in dieser Zeit viele Sinfonien (u. a. *Abschiedssinfonie*). Während der Zeit bei Esterházy bekommt er Kompositionsaufträge aus Paris und London.
Als Fürst Nikolaus Esterházy stirbt, entlässt sein Sohn zwei Tage später die gesamte Kapelle und Theatergruppe.

Prunksaal im Schloss Eisenstadt

Schloss Esterháza bei Fertöd (Ungarn)

Abschiedssinfonie

Mit 50 Jahren
schreibt Haydn seine Sinfonie Nr. 45 (*Abschiedssinfonie*).
Zu dieser Sinfonie gibt es eine besondere Geschichte: Der Fürst Esterházy verbrachte den Sommer stets auf Schloss Esterháza in Fertöd. Die Musiker seines Orchesters mussten ihm dorthin folgen und ihre Familien in Eisenstadt zurücklassen.
Einmal beschloss der Fürst, länger als üblich in seiner Sommerresidenz zu bleiben. Die Musiker, die schon darauf brannten zu ihren Frauen und Kindern heimzukehren, baten Haydn um Hilfe. Um dem Fürsten sein Anliegen musikalisch vorzutragen, komponierte er die *Abschiedssinfonie*, in der im letzten Satz ein Musiker nach dem anderen zu spielen aufhört und abgeht.
Der Fürst verstand den Wink und befahl am nächsten Tag den Aufbruch nach Eisenstadt.

J. Haydn, *Abschiedssinfonie*, 4. Satz – Schluss

B6

J. Haydn, *Abschiedssinfonie*, 4. Satz – Schluss

Der 4. Satz (Adagio) beginnt zunächst mit vollem Orchester. Nach und nach wird die Besetzung kleiner, bis am Ende nur mehr die 1. und 2. Violine ganz leise das Stück beenden.

Haydn auf der Überfahrt nach England, 1791

Mit 59 Jahren
reist Haydn das erste Mal nach London, wird dort stürmisch gefeiert und bekommt an der Universität Oxford das Ehrendoktorat für Musik verliehen. Er erlebt in London sehr erfolgreiche Konzertaufführungen seiner Werke.

Die Schöpfung

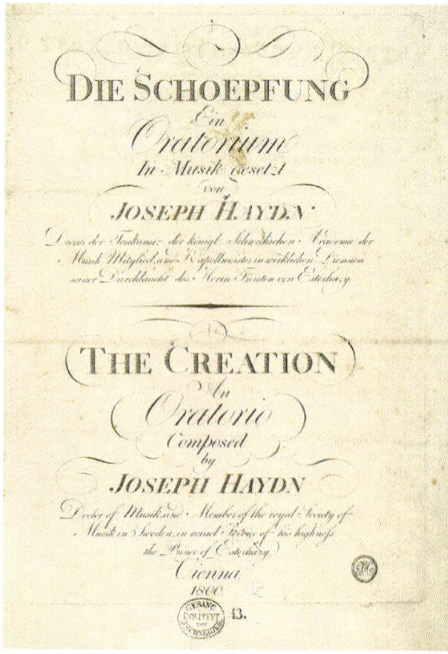

Mit 67 Jahren
erlebt Haydn die Uraufführung seines Oratoriums *Die Schöpfung* in Wien. Haydn ist am Höhepunkt seines Ruhms angelangt.

Ein **Oratorium** ist eine Vertonung eines geistlichen oder weltlichen Texts für Orchester, Chor und Gesangssolisten.

B7 J. Haydn, *Die Schöpfung – Es werde Licht*

Das Tonbeispiel B7 beginnt mit schwebenden Klängen, die den Text ausdeuten sollen.
Die Stelle „Und es ward Licht" drückt Haydn mit einem lauten, strahlenden C-Dur-Akkord in Chor und Orchester aus.

Aufführung der „Schöpfung" an der Wiener Universität in Anwesenheit des Komponisten (in der Mitte sitzend)

Mit 76 Jahren
wird Haydn von der Universität Wien zu seinem Geburtstag mit der Aufführung der *Schöpfung* besonders geehrt. Unter den Zuhörern befindet sich auch Ludwig van Beethoven.
Dies ist der letzte öffentliche Auftritt Joseph Haydns.

Mit 77 Jahren
stirbt Haydn und wird in Wien begraben.
Sein Leichnam wird erst 1954 in die Bergkirche nach Eisenstadt überführt.

Bergkirche in Eisenstadt

Sinfonie Nr. 94 mit dem Paukenschlag

Diese Sinfonie wurde in London am 23. März 1792 uraufgeführt. Die Zeitschrift *Oracle* schrieb am 24. März 1792:

„Der zweite Satz gehört zu den fröhlichsten aus des Meisters Vorwürfen. Der Überraschungseffekt des Paukenschlages könnte verglichen werden mit der Lage einer schönen Schäferin, die, vom Gemurmel eines entfernten Wasserfalles eingeschläfert, pötzlich beim Knall einer Vogelflinte erschreckt hochfährt. Die obligate Flöte war köstlich."

J. Haydn, Sinfonie Nr. 94, 2. Satz – Thema

B8

- Hört das Tonbeispiel B8 und lest im Notentext unten mit! Findet heraus, an welcher Stelle Haydn den „Paukenschlag" eingebaut hat!

Spiel-mit-Satz zur Sinfonie *mit dem Paukenschlag*

Multimedialer Spiel-mit-Satz

Benötigte Klangbausteine: c, d, e, f, g, a, h
Bassstäbe: C, D, E, F, G, A, H

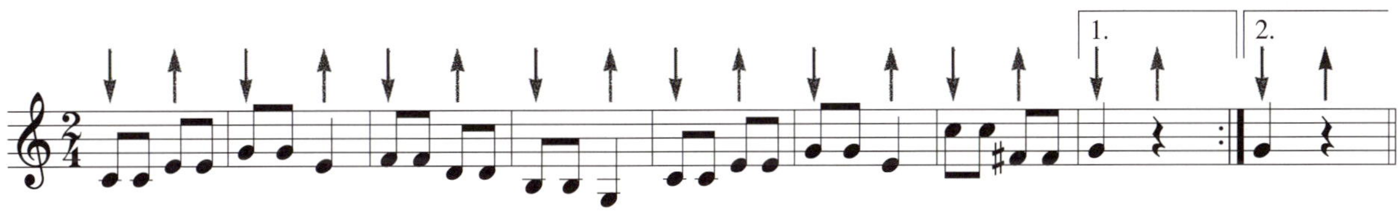

Klang-bau-steine	·	·	·	·	·	·	·	·	·	·	·	·	·	·	·	·	·	g
	·	·	·	·	·	·	·	·	·	·	·	·	·	·	·	·	·	h
	·	·	·	·	·	·	·	·	·	·	·	·	·	·	·	·	·	d
Bass	C	.	C	.	F	.	G	.	C	.	C	.	A	D	G	.	G	G

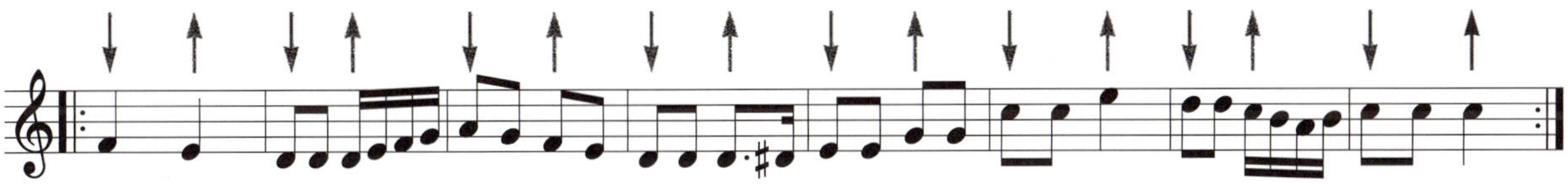

Klang-bau-steine	g	g	g	g	g	g	g	g	g	g	g	g	a	g	g	g
	f	e	h	h	h	h	h	h	e	e	e	e	f	f	e	e
	d	c	d	d	d	d	d	d	c	c	c	c	d	d	c	c
Bass	H	C	G	G	G	G	G	G	C	G	E	C	F	G	C	C

- Führt den Spiel-mit-Satz mit Melodie-Instrumenten und Stabspielen aus (mit oder ohne Tonbeispiel B8)! Setzt bei der Stelle des „Paukenschlags" eine Pauke oder andere dazupassende Instrumente ein!

Variation

Der 2. Satz der Sinfonie *mit dem Paukenschlag* ist ein Variationssatz. Das Thema wird im Verlauf des Stücks in verschiedener Weise verändert. Diese Veränderung nennt man **Variation**.

B9

J. Haydn, Sinfonie Nr. 94, 2. Satz – 1. Variation

- Hört die 1. Variation und beschreibt, was sich gegenüber dem Thema verändert hat!

B10

J. Haydn, Sinfonie Nr. 94, 2. Satz – 2. Variation

- Hört die 2. Variation und beschreibt, was sich gegenüber dem Thema verändert hat!

B11

Gerard Hoffnung, Parodistische Fassung von: J. Haydn, Sinfonie Nr. 94, 2. Satz (Ausschnitt)

- Hört zum Vergleich das Tonbeispiel B11! Sprecht nach dem Anhören über diese Fassung und vergleicht sie mit dem Original!

Quiz-Box 23

- Wo wurde Joseph Haydn geboren?
- Bei einem Streichquartett spielen …
- Welches europäische Land verwendet in seiner Nationalhymne eine Melodie, die auch in einem Werk von Joseph Haydn vorkommt?
- Wie heißt das Werk von Joseph Haydn, bei dem nach und nach fast alle Musikerinnen/Musiker zu spielen aufhören?
- Wie heißt ein berühmtes Oratorium von Joseph Haydn?
- Das Grabmal von Joseph Haydn befindet sich in der …
- Wie heißt die Sinfonie von Joseph Haydn, in der ein Schlaginstrument eine wichtige Rolle spielt?

◆ Mehr Fragen im MUSIKQUIZ

24 Lautschulung für den Vokal „A“

Bei der Aussprache des Vokals „A“ sind die Lippen geöffnet, ebenso die Zahnreihen. Die Zunge liegt flach am Boden des Mundraums, die Zungenspitze berührt die unteren Schneidezähne (Unterkiefer lockern – Kaubewegung). Beim „A“ ist der Mundraum am weitesten geöffnet (Gähnstellung).

A-Training B12

▶ Versucht jedes Wort, das im Tonbeispiel vorgesprochen wird, richtig nachzusprechen!

langes „A“	**kurzes „A“**
Aale	alle
Bahn	Bann
Dame	Damm
Faden	fassen
Gase	Gassen
Kahn	kann
lahm	Lamm
Laden	Latten
Maden	Matten
Qualen	Quallen
Raben	Rappen
Schlaf	schlaff
Wade	Watte

Playback zu *A-Reim* B13

▶ Sprecht den *A-Reim* zum Playback und führt dabei das lang und das kurz gesprochene „A“ richtig aus!

A-REIM

Text: Gerd Linke

25 Wir tanzen eine Geschichte

C. Saint-Saëns mit 60 Jahren

Camille Saint-Saëns (1835–1921 / 86 J.) war ein berühmter französischer Komponist. Er trat bis ins hohe Alter auch als Pianist öffentlich auf. Seine Reisen führten ihn nicht nur durch ganz Europa, er konzertierte auch in Nord- und Südamerika, was in der damaligen Zeit gar nicht so einfach war. Mit 51 Jahren schrieb er ein Werk, in dem viele Tiere musikalisch dargestellt werden. Es heißt *Karneval der Tiere.*

Karneval der Tiere

Der *Karneval der Tiere* ist ein Werk für kleines Orchester und besteht insgesamt aus 14 Teilen. Sechs Teile daraus wollen wir kennenlernen und versuchen, sie tänzerisch zu gestalten.

Erarbeitet die Stücke zuerst einzeln und tanzt sie dann unmittelbar hintereinander!

1. *Königlicher Marsch des Löwen*

Vorübungen

- Stell die folgenden Zeitwörter pantomimisch dar: marschieren, schlendern, schreiten, sich vorstellen, sich verabschieden! Beachte dabei auch deinen Gesichtsausdruck und deine Körperhaltung und setz Arme und Beine unterstützend ein!
- Stell die folgenden Eigenschaftswörter beim Gehen pantomimisch dar: majestätisch, ängstlich, fröhlich, traurig!
- Überlege, wie unterschiedlich du dich an verschiedenen Orten fortbewegst! Probier es aus: im Tiefschnee, auf heißem Sand, auf Glatteis, zwischen Regenpfützen!
- Geh oder lauf: vorwärts, rückwärts, seitwärts! Bau auch Wechselschritte ein!
- Drehung: Versuch Drehungen mit möglichst wenigen und möglichst vielen Schritten! Du kannst dich mit Schritten oder ohne Schritte drehen.

B14

C. Saint-Saëns, *Karneval der Tiere, Königlicher Marsch des Löwen*

Gestaltungsvorschlag

Stell dir vor, wie der Löwe, der König der Tiere, eine Arena betritt! Er schreitet herein, begrüßt die Anwesenden und sucht sich in der Arena einen Platz. Unser Klassenzimmer ist eine Arena: Jede/Jeder schlüpft in die Rolle des Löwen und bewegt sich passend zur Musik. Die ersten drei Takte kündigen den Auftritt der Löwen an.

Die Arena ist noch leer. Ab dem 4. Takt kommen je zwei oder mehrere Löwen gleichzeitig von verschiedenen Richtungen in die Arena, begrüßen pantomimisch das „Publikum“, suchen sich dann einen Platz und bleiben stehen, bis am Ende des Musikstücks alle Löwen in der Arena sind.

2. *Das Aquarium*

C. Saint-Saëns, *Karneval der Tiere, Das Aquarium*

B15

Vorübungen

In unserem Aquarium befinden sich Fische und Pflanzen:

- Alle schlüpfen in die Rolle der Fische, nehmen ein kleines, buntes Tuch und bewegen es. Wir lassen uns dabei von der Musik (Tonbeispiel B15) führen und beobachten unsere Bewegungen.
- Alle schlüpfen in die Rolle der Pflanzen. Wir versuchen nun, nur mit den Armen, Händen und Fingern jene Bewegungen nachzuzeichnen, die wir vorher mit den Tüchern gemacht haben.

„Fische" mit Tüchern

Gestaltungsvorschlag

Ausgangsposition: siehe Schlussaufstellung beim *Königlichen Marsch des Löwen*
Zwei Gruppen: Fische und Pflanzen

- Die Darstellerinnen/Darsteller der Fische haben Tücher. Jeder „Fisch" hält ein Tuch in den Händen und bewegt es zur Musik.
- Die Darstellerinnen/Darsteller der Pflanzen drücken das Wiegen der Pflanzen im Wasser nur mit Armen und Oberkörper aus.
- Die Gruppen können sich abwechselnd bewegen (wenn sich die Fische bewegen, bleiben die Pflanzen ruhig und gehen zu Boden – hockend, liegend etc. – und umgekehrt). Auch die gleichzeitige Bewegung beider Gruppen ist möglich. Legt die Einteilung fest und orientiert euch dabei an der Musik!
- Am Ende des Musikstücks gehen alle zu Boden und bleiben in der Hocke.

3. *Persönlichkeiten mit langen Ohren*

C. Saint-Saëns, *Karneval der Tiere, Persönlichkeiten mit langen Ohren*

B16

Du hörst in der Musik einen ständigen Wechsel von hohen und tiefen Tönen.

Gestaltungsvorschlag

Ausgangsposition: siehe Schluss beim *Aquarium*
Versuch, die hohen Töne mit „großem, weitem Körper", die tiefen Töne mit „kleinem, engem Körper" auszudrücken! Verharre am Schluss des Stücks in einer Kauerstellung!

„großer, weiter Körper"

„kleiner, enger Körper"

4. *Die Pianisten*

B17

C. Saint-Saëns, *Karneval der Tiere, Die Pianisten*

Bei diesem Stück hörst du deutlich fünf Abschnitte.

Gestaltungsvorschlag

Ausgangsposition: Kauerstellung
Bei jedem Abschnitt laufen jeweils einige Kinder von der Kauerstellung aus in die Aufstellung einer Gasse (siehe Ausgangsposition zu *Fossilien*).

5. *Fossilien*

Fossilien sind versteinerte Reste von Tieren oder Pflanzen.

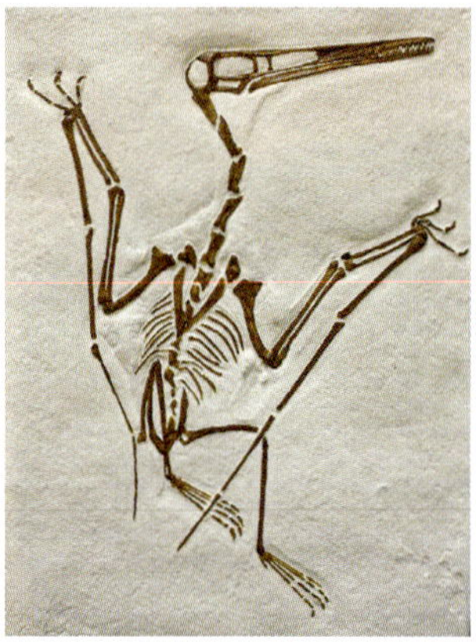

Versteinerter Flugsaurier

Versteinerter Farn

B18

C. Saint-Saëns, *Karneval der Tiere, Fossilien*

Das Stück besteht aus einer Aneinanderreihung von vier leicht unterscheidbaren Abschnitten (A, B, C, D). Versuch, beim Hören die vier Teile zu erkennen, und trag die Buchstaben in der richtigen Reihenfolge in den Formplan ein:

Formplan:	A							

Vorübungen

- Steh im Raum und beweg dich ohne Musik wie ein Fossil, das zum Leben erweckt wurde! Z. B. steif, holprig, unbeholfen, tolpatschig usw.
- Probier auch andere Bewegungsformen aus:
  - durch den Raum gehen
  - stehen und im Rhythmus auf den Körper patschen
  - Wechselschritte vorwärts, rückwärts, seitwärts

Choreografie (Tanzbeschreibung)

zu den *Fossilien*: Wir bilden zwei Gruppen, die sich als Fossilien 1 und Fossilien 2 in einer Gasse aufstellen:

A	Fossilien 1 bewegen sich am Platz (T. 1–4) und erstarren.	Fossilien 2 bewegen sich am Platz (T. 5–8) und erstarren.
A	wie oben	
B	Alle am Platz „rechts um“; die beiden Reihen gehen links schwenkend durch die Gasse, bis jede/jeder wieder auf seinem Platz steht. 	
C	Alle patschen im Rhythmus auf den eigenen Körper.	
A	wie oben	
A	wie oben	
D		
A	Fossilien 1 und 2 bewegen sich am Platz und erstarren beim letzten Ton der Musik.	

6. *Finale*

C. Saint-Saëns, *Karneval der Tiere, Finale*

B19

Gestaltungsvorschlag

Je zwei Kinder lösen ihre Erstarrung (siehe *Fossilien*-Ende), verlassen nacheinander die Arena durch die Gasse und verabschieden sich dabei pantomimisch. Stimmt die Geschwindigkeit der Verabschiedung mit der Länge des Musikstücks ab! Die letzten zwei Kinder sollen erst am Ende des Musikstücks die Arena verlassen haben.

26 Auf der Showbühne

In Fernsehshows wird die Musik meist als Voll-Playback eingespielt, d. h. sowohl Musik als auch Stimme erklingen nicht live. Bei einem Halb-Playback kommt die Begleitung vom Tonträger. Die Solistin/der Solist spielt/singt live dazu.

▸ Gestaltet den *Schulblues* für eine „Fernsehshow“! Vorgegeben sind ein Instrumentalplayback und drei Strophen. Gesucht werden weitere Strophen und eine showmäßige Präsentation.

SCHULBLUES

Text: Ernst Kret, Autoren
Musik: Gerhard Wanker
© Helbling

B20 Playback zu *Schulblues*

2. Der Unterricht, er fängt schon an,
Kapitel Nummer 5 ist dran!
Der Lehrer kommt, wir stehen auf,
so nimmt der Tag nun seinen Lauf.
Mach ich das alle Tage so, ...

3. Ich frage stets, was ich nicht weiß
und zeige deshalb auf mit Fleiß.
Denn ich will wissen ungeniert,
was in der Welt denn so passiert.
Mach ich das alle Tage so, ...

- *Wir singen folgenden Melodieteil mit den Silben dü, la, so. Die mit x gekennzeichneten Töne sollen kurz gesungen werden:*

▸ Erfinde eigene Texte! Denk dabei an Schulsituationen, die du selber erlebt hast! Den Text musst du auf die Melodie abstimmen.

▸ Aufführungshinweise

- Singt eure Texte zum Playback!
- „Musikerinnen/Musiker“ begleiten den Auftritt mit Rhythmusinstrumenten. (Leg dein Rhythmusarrangement fest!)
- Jede Interpretin/Jeder Interpret ist auch für Showelemente verantwortlich.

Fröhlicher Kreis

Der *Fröhliche Kreis* ist ein überlieferter Tanz aus England. Er zählt heute zu den beliebtesten Gemeinschaftstänzen, die beispielsweise bei Volkstanzfesten immer wieder gerne getanzt werden. Der *Fröhliche Kreis* gehört in die Gruppe der so genannten Reigentänze, für die charakteristisch ist, dass mehrere Personen durch Handfassung miteinander verbunden sind.

Fröhlicher Kreis B21

FRÖHLICHER KREIS

aus der Sammlung von Fritz Frank

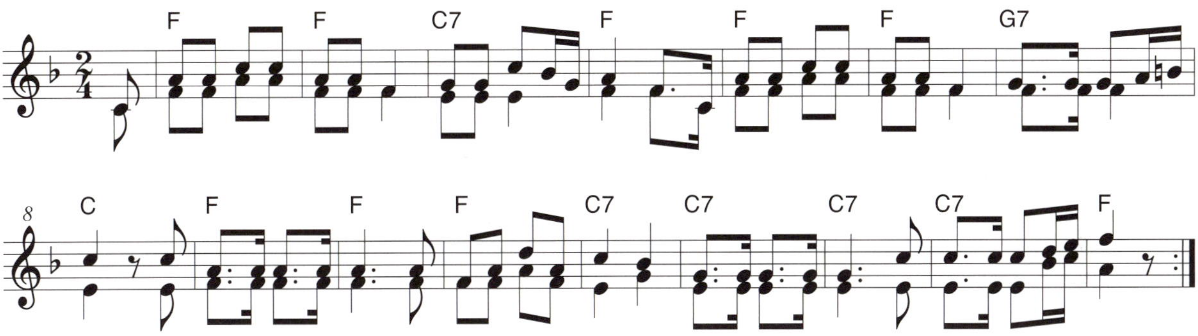

Tanzbeschreibung zu *Fröhlicher Kreis*

Ausgangsstellung
Frontkreis (M und B) abwechselnd, alle fassen sich an den herabhängenden Händen

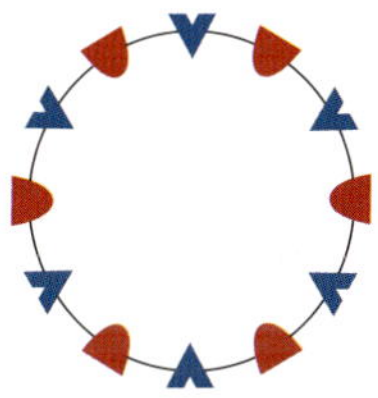

Takt 1–4
mit 4 Schritten, li beginnend, in die Kreismitte und mit 4 Schritten, li beginnend, zurück

Takt 5–8
wie Takt 1–4

Takt 9–12
M mit 4 Schritten, li beginnend, zur Kreismitte und mit 4 Schritten, li beginnend, zurück

Takt 13–16
B mit 4 Schritten, li beginnend, zur Kreismitte, Drehung nach li, 4 Schritte zum bisher im Kreis li gestandenen M, Zweihandfassung (Bild 1)

Takt 17–24
in Zweihandfassung mit Hüpfschritten im Uhrzeiger am Ort drehen

Takt 25–32
Wechsel zur offenen Handfassung (B innen, M außen, Bild 2), Flankenkreis, Hüpfschritt gegen den Uhrzeiger (in Tanzrichtung) fortsetzen, zum Schluss wieder Frontkreis bilden

Bild 1

Bild 2

28 Auf der Musikmesse

Auf unserer Musikmesse gibt es mehrere Stände, bei denen man sich über verschiedene Arten von Musik informieren kann.

Wir spielen in der Klasse einen Messebesuch nach

- Jeder Stand hat zwei oder mehrere „Fachleute", die über die jeweilige Musikrichtung Auskunft geben können.
- Sammelt zu den einzelnen Musikarten noch zusätzlich Informations-, Bild- und Tonmaterial und „baut" die jeweiligen Stände.
- Einzelne Schülerinnen/Schüler spielen Messebesucherinnen/Messebesucher, gehen zu den Ständen und lassen sich über die jeweilige Musikrichtung informieren.
- Es soll sich auch zwischen „Messebesuchenden" und „Fachleuten" ein Gespräch entwickeln, in dem über die jeweilige Musikart gesprochen wird.

B22 K. Komzák, *Erzherzog-Albrecht-Marsch*

B23 M. Mussorgsky, *Bilder einer Ausstellung, Die Hütte auf Hühnerfüßen – Beginn*

W. A. Mozart, *Die Zauberflöte, Arie der Königin der Nacht*

B24

Faschingstoas-Polka

B25

B26 Queen, *We will rock you*

B27 Louis Armstrong/All Stars, *Oh, when the saints*

Lautschulung für den Vokal „I" 29

Bei der Aussprache des Vokals „I" sind die Lippen geöffnet, ebenso die Zahnreihen. Die Zungenspitze berührt knapp die unteren Schneidezähne. Der Zungenrücken wölbt sich gegen den harten Gaumen.

I-Training

B28

▸ Versucht jedes Wort, das im Tonbeispiel vorgesprochen wird, richtig nachzusprechen!

langes „I"	**kurzes „I"**
Igel	Inge
biegen	picken
Bienen	binnen
bieten	Bitten
Diener	Dinner
Miete	Mitte
rieb	Rippe
riechen	richten
Riese	Risse
sieden	Sitten
spielen	spinnen
schlief	Schliff
wieder	Widder

Playback zu *I-Reim*

B29

▸ Sprecht den *I-Reim* zum Playback und führt dabei das lang und das kurz gesprochene „I" richtig aus!

I-REIM

Text: Gerd Linke
© Helbling

30 Musikalische Bausteine

BEETHOVEN-SONG

Musik: Ines Reiger, Gerhard Wanker
Text: Gerd Linke, Autoren

B30

Playback zu *Beethoven-Song*

Der kleinste musikalische Baustein ist ein **Motiv**.
Die Wiederholung eines Motivs auf einer anderen Tonstufe heißt **Sequenz**.

Im Lied *Beethoven-Song* bilden die Töne des 1. Takts das Motiv des A-Teils:

Im 3. Takt wird das Motiv um einen Ton höher wiederholt = Sequenz:

▶ In welchen Takten befinden sich im Teil B das zweitaktige Motiv und seine Sequenz?

Schicksalsmotiv

Ludwig van Beethoven verwendet in seiner 5. Sinfonie, der so genannten *Schicksalssinfonie*, ein sehr kurzes, aber einprägsames Motiv. Es besteht aus drei kurzen, gleich hohen Tönen und einem längeren, tieferen Ton.

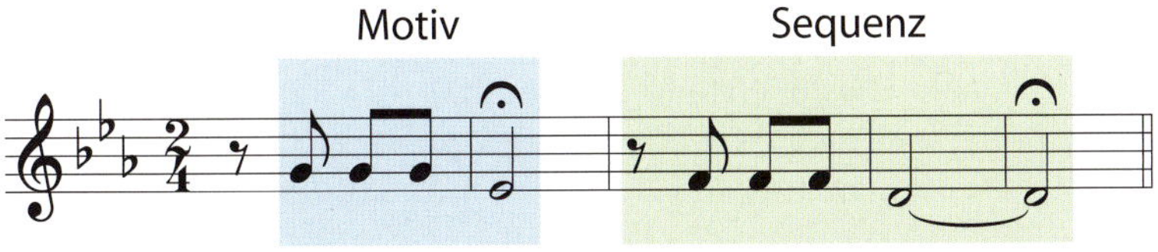

L. v. Beethoven, Sinfonie Nr. 5, 1. Satz – Beginn

B31

Beethoven hat das obige Motiv wörtlich und auch in leicht veränderter Form in seiner 5. Sinfonie verarbeitet.

- Verfolg beim Hören die Möglichkeiten der Motivverarbeitung! Sie sind im Notenbild durch Klammern gekennzeichnet.

- Vergleich das Motiv aus dem *Beethoven-Song* (Teil A) mit dem Motiv aus Beethovens 5. Sinfonie!

Quiz-Box 25

- Wer komponierte den *Karneval der Tiere*?
- Nenne ein Stück aus dem Werk *Karneval der Tiere*!
- Wie heißt der Fachausdruck für Tanzbeschreibung?

Quiz-Box 26

- Was passiert beim „Voll-Playbacksingen"?
- Was passiert beim „Halb-Playbacksingen"?

Quiz-Box 28

- Wie viele Blaskapellen gibt es ca. in Österreich?
- Wie heißt ein weltberühmtes österreichisches Orchester, das sinfonische Musik spielt?
- Eine Oper ist …
- Zu welchem Bereich der Musik gehören Stubenmusikgruppen?
- Welcher Musikrichtung ist die Gruppe Queen zuzuordnen?
- In welchem Kontinent entstand um 1900 der Jazz?

Quiz-Box 30

- Wie heißt der kleinste musikalische Baustein?
- Wie nennt man die Wiederholung eines Motivs auf einer anderen Tonstufe?

◆ Mehr Fragen im MUSIKQUIZ

31 Dreiklang

Ein **Dreiklang** besteht aus drei Tönen.

Der C-Dur-Dreiklang besteht aus den Tönen:

G	G = der fünfte Ton (Quint)
E	E = der dritte Ton (Terz)
C	C = der erste Ton (Grundton)

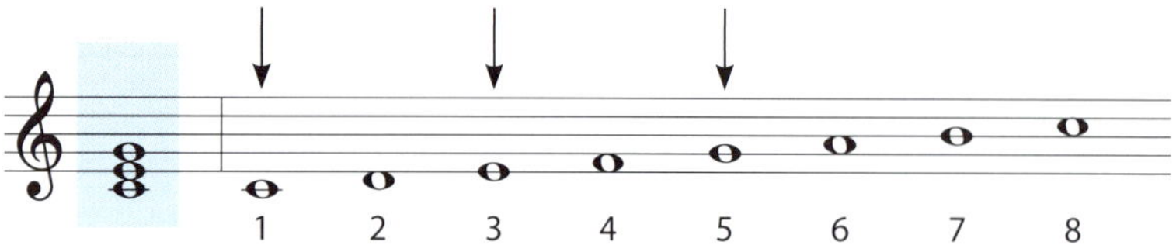

- Schreib in das farbige Feld den G-Dur-Dreiklang!

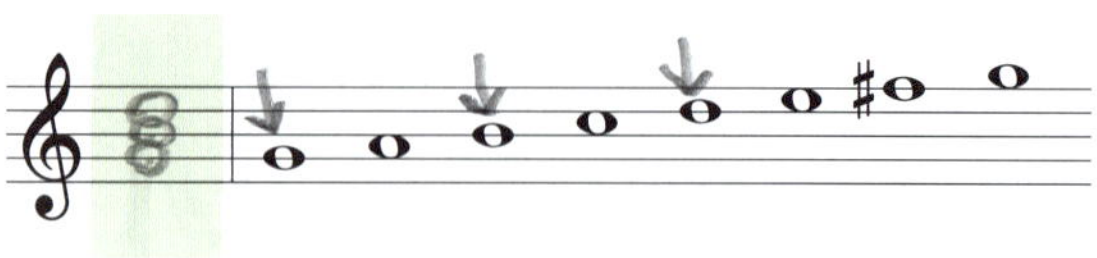

Schreib in das farbige Feld den F-Dur-Dreiklang!

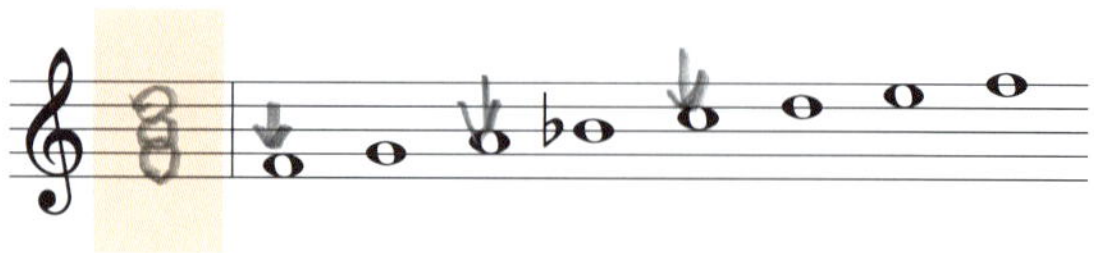

DREIKLANGSKANON

B32

Playback zu *Dreiklangskanon*

Text: Autoren
Musik: Gerhard Wanker

- *Wir summen einen Dreiklang. Beim Summen legen wir die Lippen locker und sanft aufeinander, dann können wir spüren, wie die Schwingungen unsere Lippen kitzeln.*

Begleitostinato

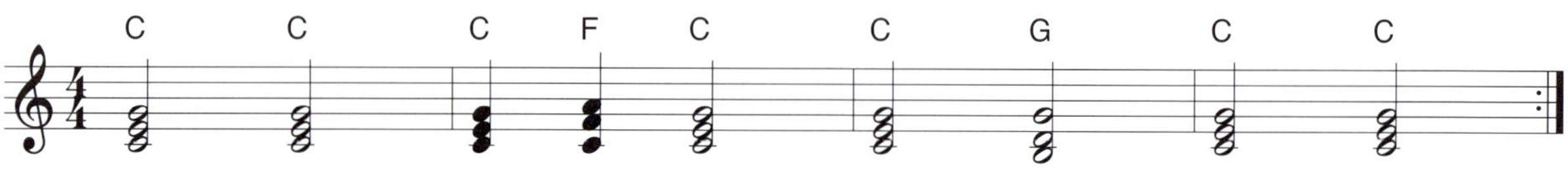

SINGA IS INS'RE FREUD

Playback zu *Singa is ins're Freud*

B33

Volkslied aus Tirol
Satz: Gerhard Wanker

- *Wir sprechen den Jodlertext im Rhythmus zuerst langsam, dann immer schneller.*
- *Wir singen nachstehende Tonfolge gebunden auf verschiedenen Silben: Wir achten dabei auf eine einheitliche Färbung der Vokale (Vokalausgleich) und lassen die hohen und tiefen Töne einheitlich klingen (Register-/Lagenausgleich).*

Dieses Lied könnt ihr mit folgenden Dreiklängen begleiten:

F-Dur-Dreiklang

C-Dur-Dreiklang

Begleitet das Lied mit Stabspielen! Spielt immer auf der ersten Viertel in jedem Takt und orientiert euch an den Akkordsymbolen über dem Notentext!

Quiz-Box 31

- Das gleichzeitige Erklingen dreier Töne im Terzabstand nennt man ...
- Welche Töne sind im C-Dur-Dreiklang enthalten?
- Welche Töne sind im G-Dur-Dreiklang enthalten?
- Aus welchen Tönen besteht der F-Dur-Dreiklang?
- Aus welchen Tönen besteht der D-Dur-Dreiklang?

◆ Mehr Fragen im MUSIKQUIZ

32 Tempo

Tempobezeichnungen

In der Musik verwendet man häufig italienische **Tempobezeichnungen**:

adagio	=	sehr langsam
andante	=	gehend
allegro	=	mäßig schnell
presto	=	schnell
accelerando	=	schneller werden
ritardando	=	langsamer werden

B34–37

Tempo – Zuordnungsbeispiele

Hör zuerst alle vier Tonbeispiele und schreib beim zweiten Hördurchgang die zutreffende Tempobezeichnung in die Tabelle!

		Tempobezeichnung
Tonbeispiel B34	L. v. Beethoven, *Mondscheinsonate*, 1. Satz – Beginn	
Tonbeispiel B35	W. A. Mozart, Sinfonie Nr. 40, g-Moll, 2. Satz – Beginn	
Tonbeispiel B36	G. F. Händel, *Feuerwerksmusik*, 4. Satz – Beginn	
Tonbeispiel B37	L. v. Beethoven, *Mondscheinsonate*, 3. Satz – Beginn	

B38

Accelerando und Ritardando

Beweg dich zur Musik und reagiere dabei auf die Tempoveränderungen:

- allein
- zu zweit (synchron z. B. als Schatten, im Spiegel – gegenüber, hintereinander, nebeneinander)

Gibt es bei einem Musikstück keine Metronomangabe, kommt es vor, dass Interpretinnen/Interpreten für ein und dasselbe Stück sehr unterschiedliche Tempi wählen.

B39–41

Antonio Vivaldi, *Winter*, 2. Satz, Beginn (drei Interpretationen)

Hört folgende drei Interpretationen des 2. Satzes aus einem Violinkonzert von Antonio Vivaldi (*Vier Jahreszeiten, Winter*) und sprecht dann über die Tempounterschiede. Versucht, mit Hilfe eines Metronoms die Tempi der drei Interpretationen zu bestimmen!

	Interpretation	Tempo
Tonbeispiel B39	Nadja Salerno-Sonnenberg	
Tonbeispiel B40	Alice Harnoncourt	
Tonbeispiel B41	Anne-Sophie Mutter	

TANCUJ – TANZ NUR

Playback zu *Tancuj – Tanz nur*

B42

Tanzlied aus der Slowakei · deutscher Text: Karel Bittner

2. Ich gab einst zwei Hemden hin, Hemden hin
   an eine Zigeunerin, -geunerin,
   zaubre mir, was dir nicht schwer, dir nicht schwer
   einen netten Burschen her, Burschen her.

3. Wenn ich dir soll zaubern hier, zaubern hier,
   musst du mir bezahl'n dafür, -zahl'n dafür,
   gib mir vier, fünf Groschen dein, Groschen dein,
   er wird wie aus Mandeln sein, Mandeln sein.

- *Wir gestalten den Refrain (tra-la-la …) so, dass wir den Selbstlaut „a" kurz singen und jede Silbe mit einem „l" enden lassen (tral-lal-lal …). Dadurch klingt das Lied schwungvoller.*

▶ Wir singen den Teil „Tra-la-la ..." bei der Wiederholung immer schneller (accelerando).

Quiz-Box 32

- Welche italienische Tempobezeichnung verwendet man für „mäßig schnell"?
- Was bedeutet der Begriff „andante"?
- Wie heißt in der Musik der Fachausdruck für „schnell"?
- Was bedeutet „adagio"?
- Wie heißt in der Musik der Fachausdruck für „schneller werden"?
- Welche Bezeichnung verwendet man für „langsamer werden"?

◆ Mehr Fragen im MUSIKQUIZ

33 Lautschulung für den Vokal „E“

Bei der Aussprache des Vokals „E“ sind die Lippen geöffnet, ebenso die Zahnreihen. Die Zungenspitze wird etwas breiter und berührt die unteren Schneidezähne. Der Zungenrücken ist gewölbt. Das „E“ darf nicht zu sehr in die Breite gezogen werden.

B43

E-Training

▸ Versucht jedes Wort, das im Tonbeispiel vorgesprochen wird, richtig nachzusprechen!

langes „E“	kurzes „E“
Esel	Espe
Ehre	Ernte
Erde	Erbe
Degen	Decken
fehlen	Felle
Kehle	Kelle
Hefe	Hefte
Heer	Herr
Leere	Lerche
reden	retten
weder	Wetter
Zehen	Zecken

B44

Playback zu *E-Reim*

▸ Sprecht den *E-Reim* zum Playback und führt dabei das lang und das kurz gesprochene „E“ richtig aus!

E-REIM

Text: Gerd Linke
© Helbling

Klänge in der Musik 34

Toneigenschaften

In den acht Klangbällen wird jeweis eine Toneigenschaft beschrieben.

▶ Ordne sie nach:

Tonhöhe:	
Tonlänge:	
Tonstärke:	
Klangfarbe:	

Toneigenschaften – Zuordnungsbeispiele

B45–50

▶ Welche Felder sind für die folgenden Tonbeispiele zutreffend? Kreuze an!

	tief	hoch	lang	kurz	laut	leise	hell	dunkel
Tonbeispiel B45								
Tonbeispiel B46								
Tonbeispiel B47								
Tonbeispiel B48								
Tonbeispiel B49								
Tonbeispiel B50								

Klangbilder

Wir wollen folgende Bilder in Klänge umsetzen.

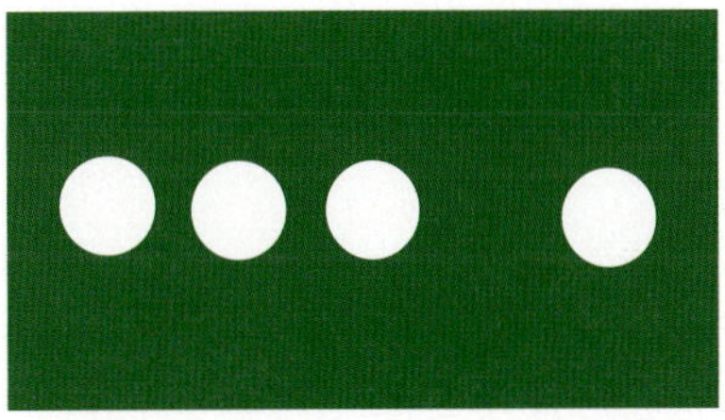

Bild 1

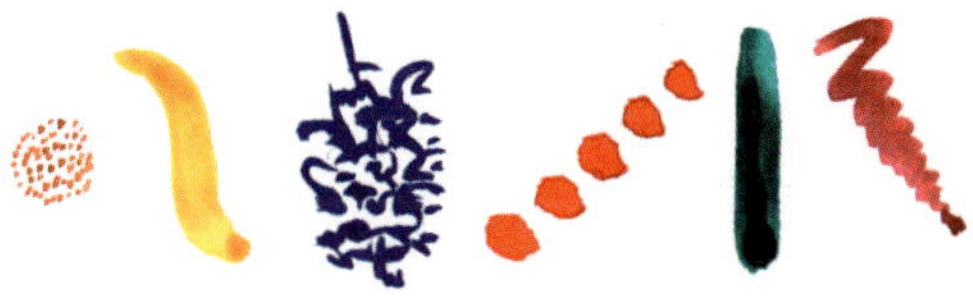

Bild 2

▶ Sprecht darüber, wie die Bilder auf euch wirken! Welche Klänge stellt ihr euch dazu vor?
Beschreibt eure Klangvorstellungen!
Versucht, mit eurer Stimme und mit Instrumenten die Bilder zu vertonen!

Musikinstrumente und ihr Klang

Für die Beschreibung von Klängen verwendet man meist Eigenschaftswörter.

Du hörst nun Tonbeispiele zu den unten abgebildeten Instrumenten.

Finde Wörter, mit denen du den Klang des jeweiligen Instruments beschreiben kannst!
Einige Möglichkeiten (alphabetisch geordnet):

dunkel, durchdringend, glänzend, hell, kalt, klar, knallig, kratzig, metallisch, rund, samtig, schlank, schrill, strahlend, voll, warm, zart …

- Schreib neben jedes Instrument deinen Klangeindruck, nachdem du das jeweilige Tonbeispiel gehört hast! Verwende dabei die oben angeführten Möglichkeiten oder deine eigenen Wörter!

B51 Trompete

Klangeindruck:

B52 Querflöte

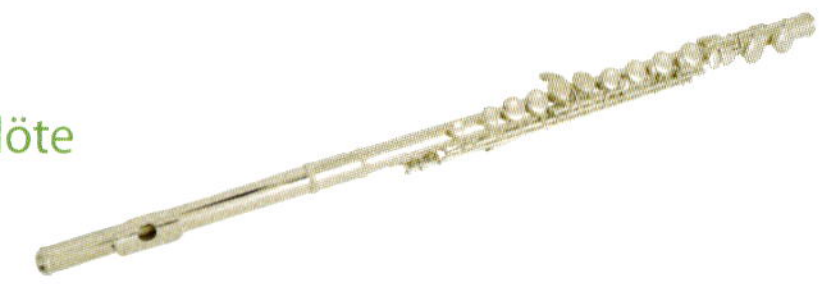

Klangeindruck:

B53 Klarinette

Klangeindruck:

B54 Violine

Klangeindruck:

B55 Gitarre

Klangeindruck:

- Sprecht über diese Instrumente! Wo hast du sie schon gehört?
Beschreib die Klangeigenschaften weiterer Instrumente, die du kennst!

Tanzlied aus Südamerika 35

UN POQUITO CANTAS

Playback zu *Un poquito cantas*

B56

Tanzlied aus Südamerika

2. Un poquito vino, un poquito aire, un poquito lelola ...
3. Un poquito vientos, un poquito sombras, un poquito lelola ...
4. Un poquito machos, un poquito chicas, un poquito lelola ...

Aussprache
poquito = *pokito*
cantas = *kantas*
machos = *matschos*
chicas = *tschikas*

Übersetzung
1. Ein wenig singen, ein wenig tanzen, ein wenig lelola wie ein Canario.
2. Ein wenig Wein, ein wenig frische Luft ...
3. Ein wenig Wind, ein wenig Schatten ...
4. Einige Burschen, einige Mädchen ...

- *Wir führen folgende Übung in Halbtonschritten nach oben aus (Dm, E♭m, Em, Fm). Wir versuchen, die Vokale einheitlich zu färben (Vokalausgleich) und den Klang von hohen und tiefen Tönen auszugleichen (Register-/Lagenausgleich).*

Ostinato für Stabspiele oder Boomwhackers

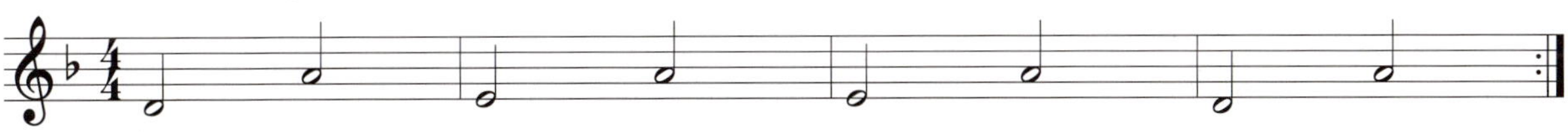

Backgroundchor zum Refrain

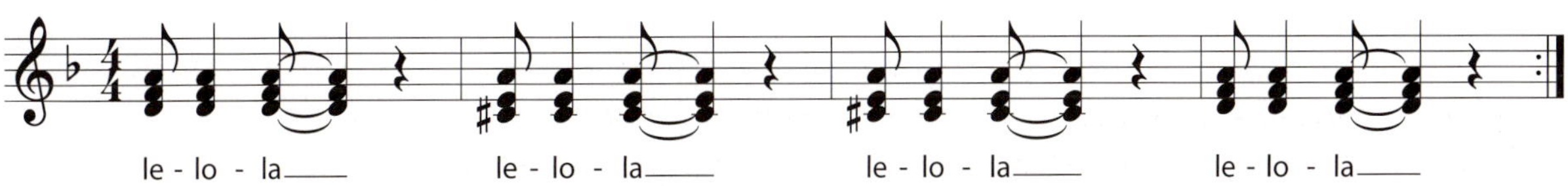

Bewegungsvorschlag zu *Un poquito cantas*

Strophe

Grundschritt für die Takte 2–7:

Ausführung auf Schlag 1 und 3 pro Takt, Gewicht auf li Bein:

Schlag 1: re Fuß schräg vor li Fuß tippen, Arme schwingen gegengleich zur Beinbewegung (Bild 1)

Schlag 3: re Fuß schräg hinter li Fuß tippen, Arme schwingen gegengleich zur Beinbewegung (Bild 2)

Takt 8: Schlussschritt, re neben li

Bild 1

Bild 2

Refrain

Grundschritt für die Takte 9–16:

Ausführung auf Schlag 1 und 3 pro Takt, Gewicht auf re Bein:

Schlag 1: li Fuß schräg vor re Fuß tippen (Bild 3)

Schlag 3: li Fuß schräg hinter re Fuß tippen (Bild 4)

Während der Takte 9–16 Arme nach oben heben und Handgelenke schnell drehen (Händeflimmern, Bild 3 und 4).

Bild 3

Bild 4

Quiz-Box 34

- Welche Toneigenschaft unterscheidet hoch und tief?
- Welche Toneigenschaft unterscheidet kurz und lang?
- Welche Toneigenschaft unterscheidet laut und leise?
- Welche Toneigenschaft unterscheidet hell und dunkel?

◆ Mehr Fragen im MUSIKQUIZ

Übungsblatt für Metrum/Takt/Rhythmus

1

• • • • • • • • • • • •

1 2 3 4 5 6 7 8 9 10 11 12

2

• • • • • • • • • • • •

1 2 3 4 5 6 7 8 9 10 11 12

3

• • • • • • • • • • • •

1 2 3 4 5 6 7 8 9 10 11 12

4

• • • • • • • • • • • •

1 2 3 4 5 6 7 8 9 10 11 12

5

• • • • • • • • • • • •

1 2 3 4 5 6 7 8 9 10 11 12

6

• • • • • • • • • • • •

1 2 3 4 5 6 7 8 9 10 11 12

7

• • • • • • • • • • • •

1 2 3 4 5 6 7 8 9 10 11 12

8

• • • • • • • • • • • •

1 2 3 4 5 6 7 8 9 10 11 12

9

• • • • • • • • • • • •

1 2 3 4 5 6 7 8 9 10 11 12

Übersicht Tonbeispiele

Audio-CD A

Tonbeispiel	Seite	
A1	5	Playback zu *Hallo, wer bist du?*
A2	7	Playback zu *Old Mac Donald*
A3	9	Playback zu *Moved notes*
A4	11	Playback zu *Instrumenten-Erkennungsspiel*
A5	12	Playback zu *Hey, hey*
A6–23	14	Klänge und Geräusche
A24	17	E. Satie, *Piccadilly-Marsch*
A25	18	W. A. Mozart, 1. Menuett in G-Dur
A26–29	19	W. A. Mozart, 1. Menuett in G-Dur – Notenzeilen 1–4
A30	20	W. A. Mozart, Sinfonie Nr. 1, 3. Satz
A31	22	W. A. Mozart, Sonate in C-Dur, KV 545, 1. Satz – Takt 1–28
A32	23	*O-Training*
A33	23	Playback zu *O-Reim*
A34	27	Playback zu *I like to eat/drink*
A35	28	L. v. Beethoven, *Für Elise*
A36	30	L. v. Beethoven, Sinfonie Nr. 8, 1. Satz (Ausschnitt)
A37	33	G. Wanker, *Scale song*
A38	35	A. Bruckner, Sinfonie Nr. 7, 4. Satz – Beginn
A39	35	A. Dvořák, *Slawischer Tanz op. 46, Nr. 8*
A40	36	Playback zu *Gar finster ist's im tiefen Wald*
A41–46	37	Tonbeispiele für Lautstärke
A47	38	Playback zu *Fröhlich ist die Weihnachtszeit*
A48	39, 40	F. Schubert, *Deutscher Tanz* op. 33/3
A49	43	Playback zu *Und jetzt gang i ans Peters Brünnele*
A50	44	Playback zu *Sechserschritt*
A51	48	Th. Wanker, *Go on rhythm 1*
A52	48	*Go on rhythm 2*
A53	50	Playback zu *Blumenmenü*
A54	51	*U-Training*
A55	51	Playback zu *U-Reim*
A56	54	J. Cage, *Aria* (Ausschnitt)
A57	55	W. A. Mozart, *Eine kleine Nachtmusik,* 1. Satz – Beginn
A58	56	Playback zu *Je je je*
A59	58	Playback zu *Intervall-Song*
A60	59	Playback zu *Intervall-Zeile*
A61	63	Playback zu *Lied vom Müll*
A62	64	Playback zu *Oh, Susanna*

Audio-CD B

Tonbeispiel	Seite	
B1	66	Playback zu *Rock my soul*
B2	68	J. S. Bach, *Musette* (ohne Wiederholungen)
B3	68	J. S. Bach, *Musette* (mit Wiederholungen)
B4	70	Playback zu *Zauberlied*
B5	72	J. Haydn, *Kaiserquartett*, 2. Satz – Thema
B6	73	J. Haydn, *Abschiedssinfonie*, 4. Satz – Schluss
B7	74	J. Haydn, *Die Schöpfung – Es werde Licht*
B8	75	J. Haydn, Sinfonie Nr. 94, 2. Satz – Thema
B9	76	J. Haydn, Sinfonie Nr. 94, 2. Satz – 1. Variation
B10	76	J. Haydn, Sinfonie Nr. 94, 2. Satz – 2. Variation
B11	76	G. Hoffnung, Parodistische Fassung von: J. Haydn, Sinfonie Nr. 94, 2. Satz (Ausschnitt)
B12	77	*A-Training*
B13	77	Playback zu *A-Reim*
B14	78	C. Saint-Saëns, *Karneval der Tiere, Königlicher Marsch des Löwen*
B15	79	C. Saint-Saëns, *Karneval der Tiere, Das Aquarium*
B16	79	C. Saint-Saëns, *Karneval der Tiere, Persönlichkeiten mit langen Ohren*
B17	80	C. Saint-Saëns, *Karneval der Tiere, Die Pianisten*

B18	80	C. Saint-Saëns, *Karneval der Tiere, Fossilien*
B19	81	C. Saint-Saëns, *Karneval der Tiere, Finale*
B20	82	Playback zu *Schulblues*
B21	83	*Fröhlicher Kreis*
B22	84	K. Komzák, *Erzherzog-Albrecht-Marsch*
B23	84	M. Mussorgsky, *Bilder einer Ausstellung, Die Hütte auf Hühnerfüßen* – Beginn
B24	85	W. A. Mozart, *Die Zauberflöte, Arie der Königin der Nacht*
B25	85	*Faschingstoas-Polka*
B26	86	Queen, *We will rock you*
B27	86	L. Armstrong/All Stars, *Oh, when the saints*
B28	87	*I-Training*
B29	87	Playback zu *I-Reim*
B30	88	Playback zu *Beethoven-Song*
B31	89	L. v. Beethoven, Sinfonie Nr. 5, 1. Satz – Beginn
B32	90	Playback zu *Dreiklangskanon*
B33	91	Playback zu *Singa is in'sre Freud*
B34	92	L. v. Beethoven, *Mondscheinsonate*, 1. Satz – Beginn
B35	92	W. A. Mozart, Sinfonie Nr. 40, g-Moll, 2. Satz – Beginn
B36	92	G. F. Händel, *Feuerwerksmusik*, 4. Satz – Beginn
B37	92	L. v. Beethoven, *Mondscheinsonate*, 3. Satz – Beginn
B38	92	Accelerando und Ritardando
B39	92	A. Vivaldi, *Winter*, 2. Satz – Beginn (Nadja Salerno-Sonnenberg)
B40	92	A. Vivaldi, *Winter*, 2. Satz – Beginn (Alice Harnoncourt)
B41	92	A. Vivaldi, *Winter*, 2. Satz – Beginn (Anne-Sophie Mutter)
B42	93	Playback zu *Tancuj – Tanz nur*
B43	94	*E-Training*
B44	94	Playback zu *E-Reim*
B45–50	95	Toneigenschaften – Zuordnungsbeispiele
B51	96	Trompete
B52	96	Querflöte
B53	96	Klarinette
B54	96	Violine
B55	96	Gitarre
B56	97	Playback zu *Un poquito cantas*

Übersicht Multimedia-DVD

Videos

Seite	
54	J. Cage, *Aria* (Ausschnitt)
73	J. Haydn, *Abschiedssinfonie*, 4. Satz – Schluss

Multimediale Spiel-mit-Sätze

8	*Old Mac Donald*
17	E. Satie, *Piccadilly-Marsch*
20	W. A. Mozart, Sinfonie Nr. 1, 3. Satz
22	W. A. Mozart, Sonate in C-Dur, KV 545, 1. Satz
29	L. v. Beethoven, *Für Elise*
33	*Scale song*
75	J. Haydn, Sinfonie Nr. 94, 2. Satz

Multimediale Hörpartituren

35	A. Bruckner, Sinfonie Nr. 7, 4. Satz – Beginn
55	W. A. Mozart, *Eine kleine Nachtmusik*, 1. Satz – Beginn

Lernspiele

10	Notenwerte- und Pausen-Memory
31	Notennamen-Memory
48	Rhythmus-Baukasten
60	Intervall-Memory
62	Look & click – Notennamen mit Versetzungszeichen

Layoutkonzeption und Umschlaggestaltung: Schröder Design, Leipzig
Satz: Heinz Hanuschka, Innsbruck
Notensatz: Maria-Elisabeth Birbin, Neumarkt/Wallersee

Illustrationen
Eike Marcus, Berlin: 11, 14, 19 (oben), 21, 23, 30, 32, 47, 49, 51, 52, 53, 55, 59, 77, 84, 85, 86, 87, 92, 94
Gerrit Hansen, Tökendorf: 6, 7
Inkje Dagny von Wurmb, Stuttgart: 19 (unten)
Gerhard Wanker: 95

Bildnachweis
AKG-Images: 73 (links oben, unten), 74 (Mitte); Christophe Alary: 86 (Jazz: links); Giuliano Bausano: 86 (Popmusik: links oben); Brandon Cirillo: 85 (Oper: rechts unten); Vital Julian Frey: 69 (oben); Bernhard Gritsch: 57 (1–5); Wally Hartshorn: 85 (Volksmusik: links oben); Haydn-Festspiele Eisenstadt: 74 (oben); Helbling: 11 (1–10), 24 (links), 35 (Mitte), 71 (unten); Katie Homan: 84 (Blasmusik: links unten); Becky Lai: 85 (Oper: rechts, unten); La Tangerina: 86 (Jazz: rechts oben); John Marsh: 80 (links unten); MITO Settembre Musica: 84 (Sinfonische Musik: rechts oben); C. F. Peters GmbH & Co. KG: 54; Photodisc: 64, 69 (links, rechts unten), 96 (2–5); Polydor: 86 (Popmusik: Mitte); Dieter Puntigam: 85 (Volksmusik: rechts oben); Rüdiger Reichle: 85 (Volksmusik: links unten); ReRod/Flickr.com: 84 (Blasmusik: links oben); Franz Schmuck: 57 (6–11); shlomp-a-plompa/Flickr.com: 85 (Oper: links oben); Sonor: 11 (11, 12); Klaus Spielmann: 5, 56, 79 (oben); Zen Sutherland: 80 (rechts unten); Haags Uitburo: 86 (Jazz: rechts unten); Kerem Unterberger: Cover, 6, 10, 13, 14, 15, 40, 44, 45, 65, 72 (Mitte), 78 (unten), 79 (unten), 80 (oben), 82, 83, 98; Wikipedia: 18, 21, 28, 35 (oben, unten), 39, 67, 71 (oben), 72 (oben, unten), 73 (rechts oben), 74 (unten), 78 (oben), 84 (Sinfonische Musik: rechts unten); Wittner GmbH & Co. KG: 24 (rechts); Yamaha: 96 (oben);

Vorlage für das Notenwerte-Domino

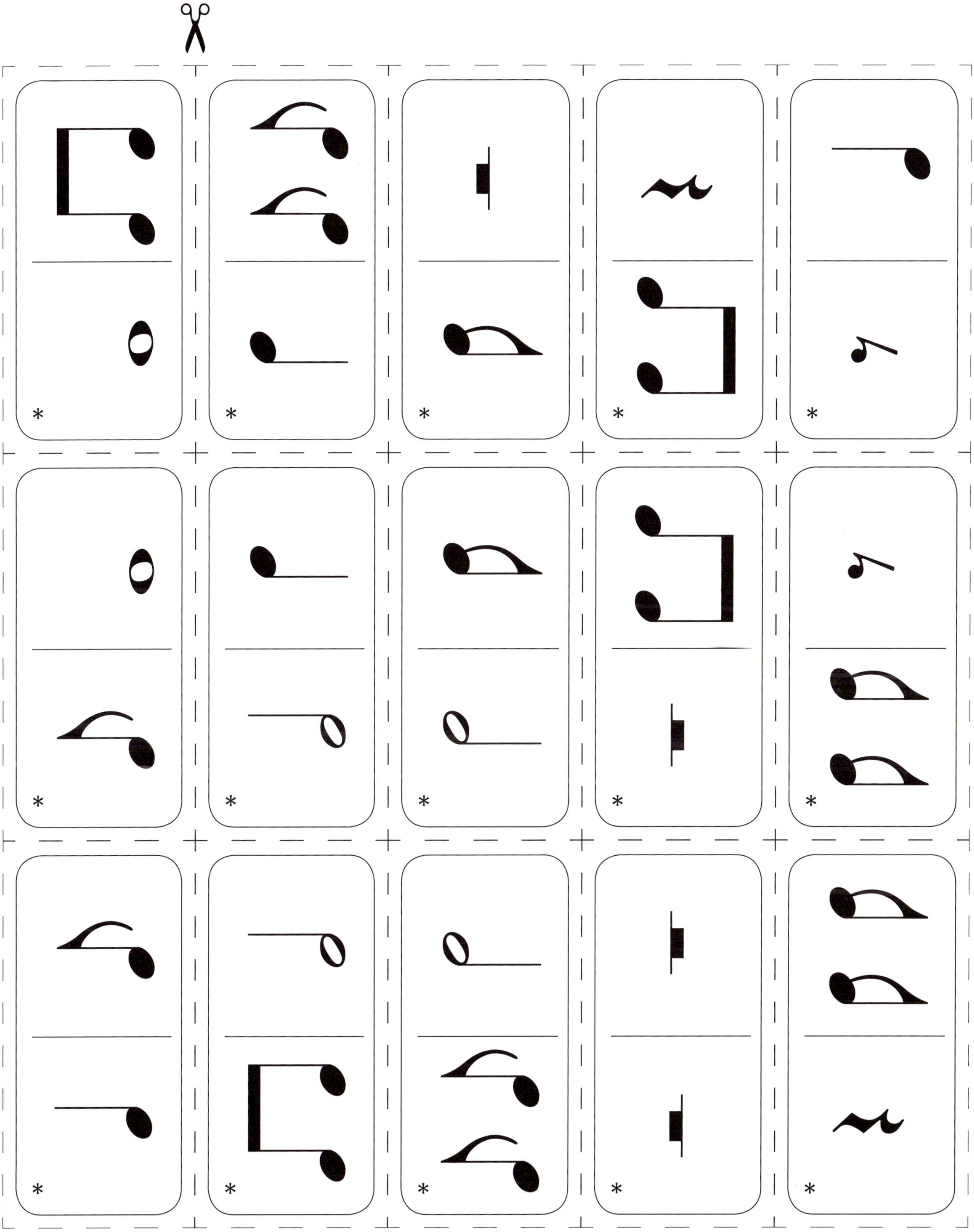